感谢巅峰智业对中国旅游研究院国民休闲研究及本报告的大力支持!

中国旅游发展年度报告书系
Annual Development Report of China's Tourism

中国休闲发展年度报告 2021

ANNUAL REPORT OF CHINA LEISURE DEVELOPMENT 2021

中国旅游研究院　著

北京·旅游教育出版社

《中国休闲发展年度报告 2021》
编辑委员会

主　任　戴　斌

副主任　李仲广　唐晓云

编　委（按姓氏音序排列）

戴　斌　何琼峰　李仲广　马仪亮　宋子千

唐晓云　吴丰林　吴　普　杨宏浩　杨劲松

《中国休闲发展年度报告 2021》
编辑部

主　编：李　雪　中国旅游研究院规划与休闲研究所博士

成　员：（按姓氏音序排列）

苟文静　官小楚　郭　娜　黄　璜　蒋　蕾

李鹏鹏　李　雪　吴丰林

目 录
CONTENTS

第一章　国民休闲时间特征 …………………………………………… 1
　一、中国居民休闲时间总体特征 ………………………………………… 1
　二、不同性别人群休闲时间特征 ………………………………………… 6
　三、不同年龄人群休闲时间特征 ………………………………………… 8
　四、不同收入人群休闲时间特征 ………………………………………… 11

第二章　国民休闲空间特征 …………………………………………… 15
　一、城镇居民休闲空间特征 ……………………………………………… 15
　二、农村居民休闲空间特征 ……………………………………………… 27
　三、退休居民休闲空间特征 ……………………………………………… 31

第三章　国民休闲内容特征 …………………………………………… 34
　一、国民休闲内容总体特征 ……………………………………………… 34
　二、不同属性人群休闲内容特征 ………………………………………… 44

第四章　国民休闲行为区域差异 ……………………………………… 57
　一、样本城市休闲活跃度排名 …………………………………………… 57
　二、不同城市居民休闲时间对比 ………………………………………… 57
　三、不同城市居民休闲空间对比 ………………………………………… 62
　四、不同城市居民休闲内容对比 ………………………………………… 66

第五章　街区访客休闲行为特征与满意度 …………………………… 71
　一、不同属性访客的街区选择偏好 ……………………………………… 71
　二、街区访客休闲行为特征 ……………………………………………… 74
　三、街区访客休闲满意度 ………………………………………………… 82

  四、街区目前尚存在的问题 ………………………………………… 85
第六章　推进国民休闲发展的政策建议 ………………………………… 88
  一、增强国民休闲意识 …………………………………………… 88
  二、优化休闲时间制度安排 ………………………………………… 89
  三、平衡国民休闲需求与供给 ……………………………………… 91
  四、优化城市休闲供给布局 ………………………………………… 93

本报告对2021年国民休闲特征的调查，主要是通过中国旅游研究院的自主网络平台，以问卷调查的方式获取数据。具体对北京、上海、广州、成都、西安、长沙、沈阳、武汉、南京、杭州十个城市的城乡居民（有效问卷5004份）进行了调查，调查内容以休闲时间、休闲空间以及休闲内容三大方面反映的国民休闲特征为主。

第一章　国民休闲时间特征

本报告将从事第一产业的居民划为农村居民，主要是从事农、林、牧、渔行业。从事第二、三产业的居民划为城镇工作居民，其他人群包括学生、居家工作人员、无业人员以及退休人员。考虑到我国城乡居民的休闲时间分配和休闲活动内容有较大差别，本报告将我国居民分为城镇居民、农村居民两类进行研究。由于存在大量的农村居民进城务工现象，划分城镇和农村居民的主要依据是其所从事的产业，而不是户口状况。在城镇居民中，将具有农村户口又从事第二、三产业的居民划为农民工。考虑到城镇居民在一年中不同时期的休闲时间特征显著不同，所以将城镇居民的休闲分为工作日休闲、周末休闲和节假日休闲三类。而随着科技水平的提升，农村居民农忙与农闲的工作时间差距逐渐缩小，故不再划分农忙时休闲和农闲时休闲。

一、中国居民休闲时间总体特征

鉴于中国城镇居民与农村居民在休闲时间和休闲内容上存在显著不同，我们将两类居民的工作和休闲分开进行考察。在持续调查过程中，将居民一天24小时的时间总体分成五部分：工作时间、无偿劳动时间、交通时间、休闲时间、生理活动时间。

研究发现，国民不断注重生活品质提升，休闲成为继生理活动、工作或有偿家庭生产经营活动之后的首要选择，休闲时间每日平均3.8~4.4个小时。

（一）城镇居民休闲时间均出现增长

2021年城镇居民工作日休闲时间、周末休闲时间、节假日休闲时间总体上较2019年均出现增长，其中周末休闲时间的增幅最大。工作日休闲时间从2019年3.30小时上升至2021年的3.82小时，增长率为15.76%；周末休闲时间从2019年的3.44小时上升至2021年的4.35小时，增长率为26.45%；节假日休闲时间从2019年的3.76小时上升至2021年的4.40小时，增长率为17.02%。

1. 工作日休闲时间

工作日休闲时间呈现增长趋势。城镇居民的时间除了工作时间外，还包括满足个人生理需要的必要时间、从事家务劳动的时间、交通时间和休闲时间。在对城镇居民进行的调查问卷中，城镇居民工作日的休闲时间呈现增长趋势，从2019年的每日3.30小时，上升至2021年的每日3.82小时（见图1-1），这一定程度上反映了随着经济发展，我国城镇居民不断注重生活品质提升，休闲意识有所增强。

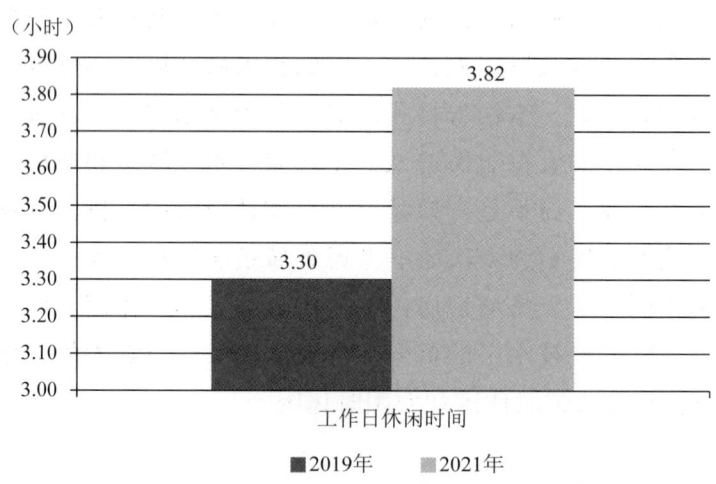

图1-1 城镇工作日休闲时间

2. 周末休闲时间

周末休闲时间总体呈现增长趋势。从2019年休闲时间每日3.44小时，上升至2021年的每日4.35小时（见图1-2）。与工作日休闲时间横向相比，城镇居民周末休闲时间较多，他们在周末能够提升休闲质量，从事工作日难以开展的休闲活动。与工作日休闲时间和节假日休闲时间相比，2021 年城镇居民周末的休闲时间增幅最明显，达到 26.45%。

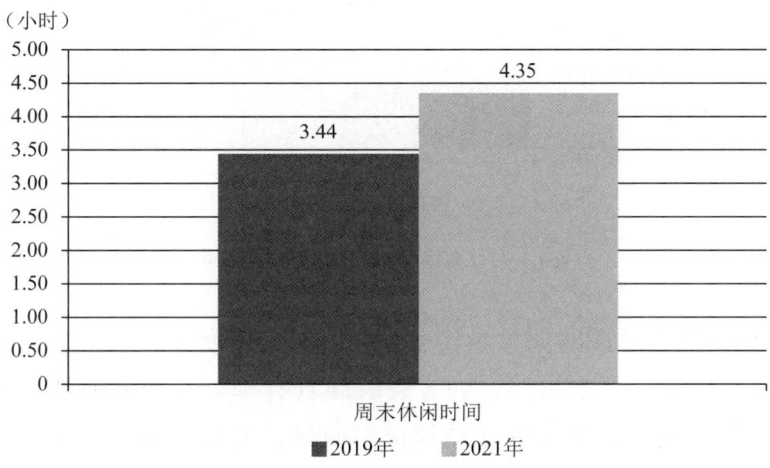

图 1-2　城镇居民周末休闲时间

3. 节假日休闲时间

从纵向对比来看，城镇居民在节假日的每日休闲时间总体呈增长趋势。随着我国国民休闲消费能力的提升以及休闲意识的增强，人们在工作日及周末也有了更多的时间和更强的能力参与休闲活动。同时，因新冠疫情的暴发，以往在节假日可以开展的较长时间的休闲活动受到影响，因此节假日休闲时间增幅较周末相比更低。2019 年城镇居民节假日每日休闲时间为 3.76 小时，2021 年上涨至 4.40 小时，涨幅为 17.02%。

从图 1-3 中可知，我国城镇居民 2021 年的休闲时间较 2019 年出现上涨，其中工作日的休闲时间较少，涨幅也较低，城镇居民的工作日时间安排比较紧张。虽然在周末的休闲时间比工作日多，但有相当一部分城镇居民由于加班、操持家务等原因致使周末休闲时间也并不充裕。2021 年，我国城镇居民节假日的休闲时间与周末相比仅多出 0.05 小时，一方面是因为人们在工作日及周末也有了更多的时间和能力来提升自己的休闲水平，另一方面可能是因新冠疫情带来的不稳定性，以往在节假日可以开展的较长时间的休闲活动受到影响。总体上而言，我国城镇居民的休闲时间总量于 2021 年呈现出缓慢增长的趋势。

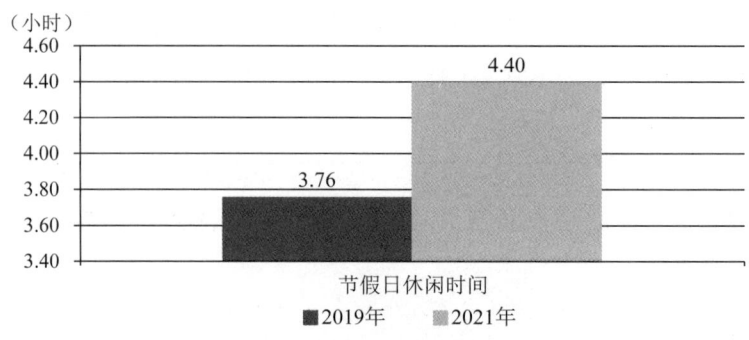

图 1-3　城镇居民节假日休闲时间

（二）农村居民休闲时间总量较多，且出现大幅增长

与城镇居民不同，农村居民的务农时间具有季节性和周期性，主要围绕农时而波动，但在同一周期内的波动规律不明显，所以不能以工作日、周末、节假日来划分农村居民的时间分配，而应该以农忙时节和农闲时节两个大的周期类型来划分。但随着科技水平的提升，农业机器大量投入使用，农村居民农忙与农闲的工作时间差距逐渐缩小，休闲时间的差异性不再如以往一样明显，故不再划分农忙时休闲和农闲时休闲。

数据显示，2021年农村居民在农忙时节休闲时间与农闲时节休闲时间差距不大，农忙休闲时间为平均每日4.47小时，农闲时节的休闲时间为平均每日4.24小时。从纵向对比来看，2021年农村居民的休闲时间较2019年出现大幅增长，从每日3.14小时上升至4.36小时，涨幅为38.85%（见图1-4）。横向比较，同城镇居民周末休闲时间基本持平，这说明农村居民整体休闲时间较多。

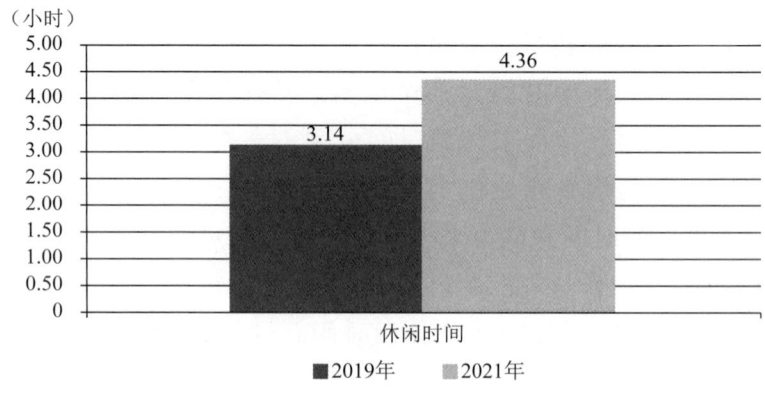

图 1-4　农村居民休闲时间

根据上述分析，能够很明显地看出农村居民的休闲时间介于城镇居民周末和节假日的休闲时间之间，城镇居民工作日休闲时间远低于农村居民休闲时间，农村居民休闲时间总量相对较多。2021年，农村居民的休闲时间涨幅较大，日均休闲时间比2019年增加1.22小时。通过图1-5可以看到，农村居民每日花费时间最多的为生理活动，其次为有偿经营活动，休闲时间排名第三。随着农耕技术的发展以及农村居民生活理念的转变，农村居民农忙时节劳动效率不断提升，有偿生产经营活动时间相应减少，同时农村居民的休闲意识不断增强，从而出现休闲时间大幅增长的现象。

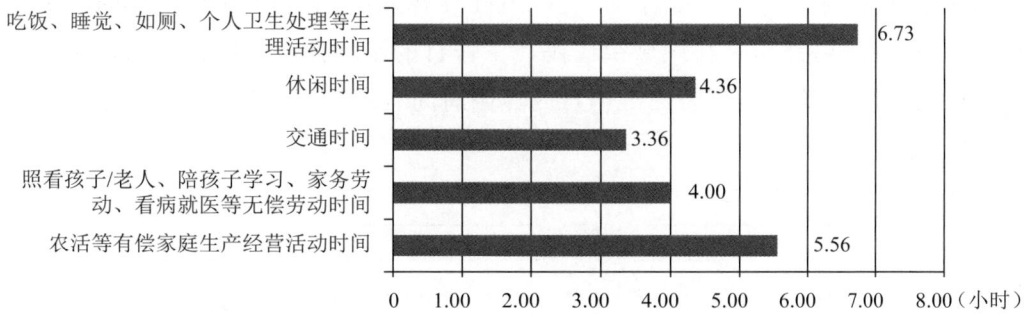

图1-5　2021年农村居民时间分配对比图

（三）退休居民休闲时间占比较低

从图1-6可以看到，退休居民虽然从事有偿劳动的时间较少，但投入大量时间从事无偿劳动，休闲时间甚至低于城镇居民工作日休闲时间，平均每日仅3.81小时，占一天时间的15.87%。主要原因在于退休居民投入大量时间照料孩子、进行家务劳动等无偿劳动，很大程度上挤占了休闲时间。

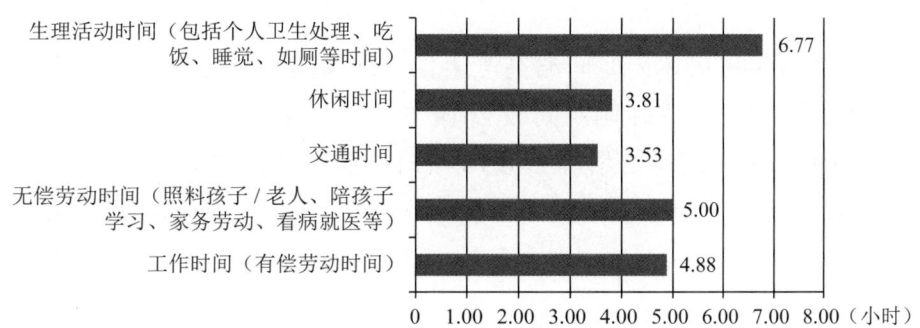

图1-6　2021年退休居民时间分配对比图

二、不同性别人群休闲时间特征

鉴于不同性别、不同年龄和不同收入的人群其休闲时间存在显著不同，本报告分别对不同人群的休闲时间特征进行研究。

（一）不同性别城镇居民休闲时间

女性城镇居民工作日休闲时间略少于男性。这主要是因为女性除了工作之外，还要承担较多的家务劳动，所以占据了一定的休闲时间。总体而言，2019年男性城镇居民休闲时间为3.34小时，在2021年增加到3.84小时。2019年女性城镇居民休闲时间为3.25小时，在2021年休闲时间增加到3.79小时（见图1-7）。不管是男性还是女性城镇居民，工作日的平均休闲时间都有所增加，说明文旅融合时期我国城镇居民工作日的休闲时间有所改善，较以往更加充足。

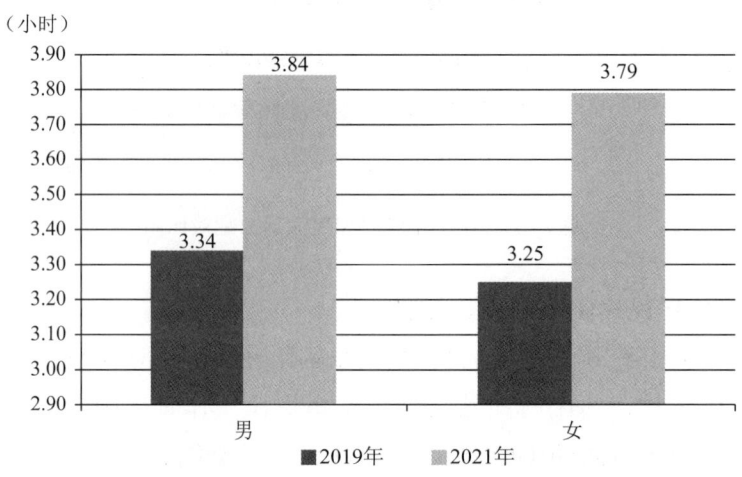

图1-7 不同性别城镇居民工作日休闲时间

周末女性城镇居民休闲时间略高于男性。从休闲时间变化趋势来看，女性休闲意识有所提升，周末休闲时间较2019年有了大幅增长。2019—2021年期间，男性城镇居民休闲时间增加了0.78小时，而女性休闲时间则由3.40小时增加至4.44小时，休闲时长增加了1.04个小时，远高于男性城镇居民（见图1-8）。

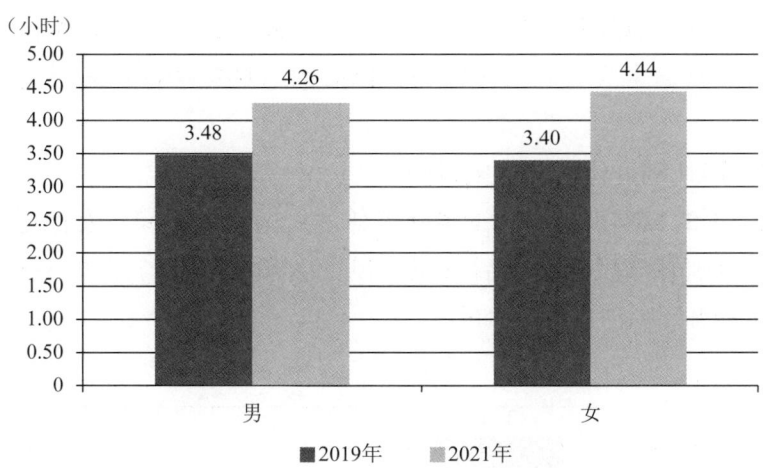

图 1-8　不同性别城镇居民周末休闲时间

节假日女性城镇居民休闲时间总体略高于男性城镇居民，但整体差异不大。从纵向数据来看，2021 年，城镇居民节假日休闲时间有所增加，其中，男性由 3.67 小时增加至 4.32 小时，女性由 3.88 小时增加至 4.48 小时（见图 1-9）。无论是从年度水平还是年度增幅来看，城镇居民节假日休闲时间的性别差异均不明显。

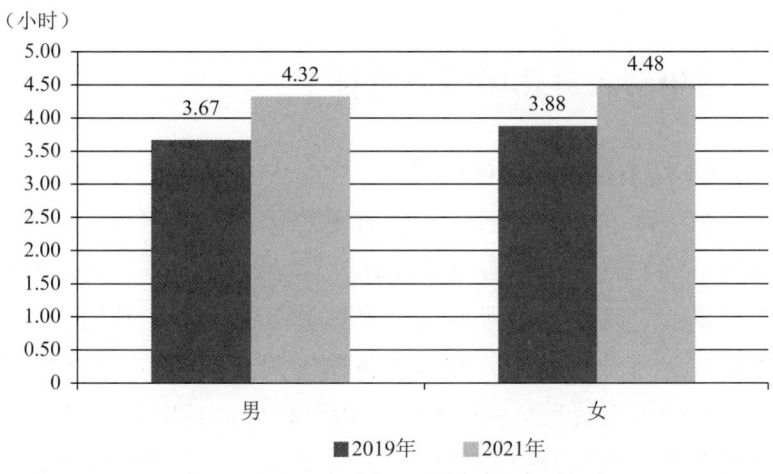

图 1-9　不同性别城镇居民节假日休闲时间

根据前文的分析可知，2021 年不同性别城镇居民的休闲时间较 2019 年均出现小幅增长。随着生活节奏的不断加快，城镇居民在工作日的压力越来越大，工作时间越来越长，但随着城镇居民生活理念与休闲意识的变化，城镇居民会更注重休闲活动，总体休闲时间有小幅增长。同时，与工作日相比，城镇居民在周末和节假日通常会有相对充裕的休闲时间，城镇居民休闲时间的性别差异不明显。

（二）不同性别退休居民休闲时间

从2021年的数据可以看到，男性退休居民的休闲时间较女性更多，主要原因可能是女性退休居民在退休后可能承担更多家务劳动与照顾小孩的任务，因此休闲时间较男性少（见图1-10）。

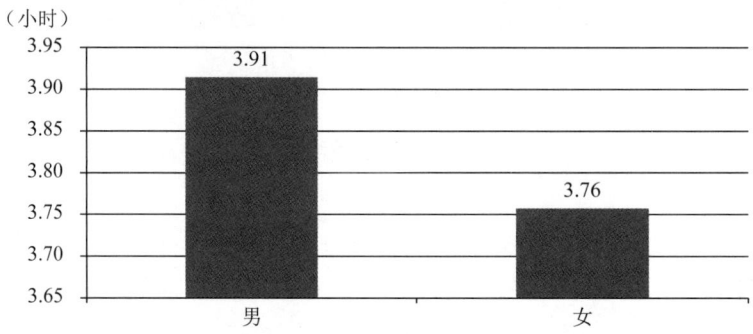

图1-10　2021年不同性别退休居民休闲时间

三、不同年龄人群休闲时间特征

（一）不同年龄看城镇居民休闲时间

2021年，30~44岁的城镇居民工作日平均休闲时间最少，45~59岁城镇居民的平均休闲时间则最多。调查结果显示，年龄在30~44岁的城镇居民在工作日的休闲时间最少，这个年龄段的居民家庭事业都处于上升期，在内需要照顾家人，在外需要为事业而奋斗，相应的休闲时间就会较少。15~29岁的城镇居民，学习与工作的压力较大，休闲时间亦相对较少。其次是60岁以上的城镇居民，年龄已经较大，大多数已经退休，生活中也已经由照顾家人的主体逐渐转变为需要关照的群体，休闲时间会有所增加。45~59岁的城镇居民正处于事业稳定期，在工作方面的压力较小，且子女均已成年，有更多时间开展休闲活动。同时从纵向来看，2019—2021年期间，除30~44岁城镇居民群体外，其他城镇居民群体的工作日休闲时间均有小幅度上涨（见图1-11）。

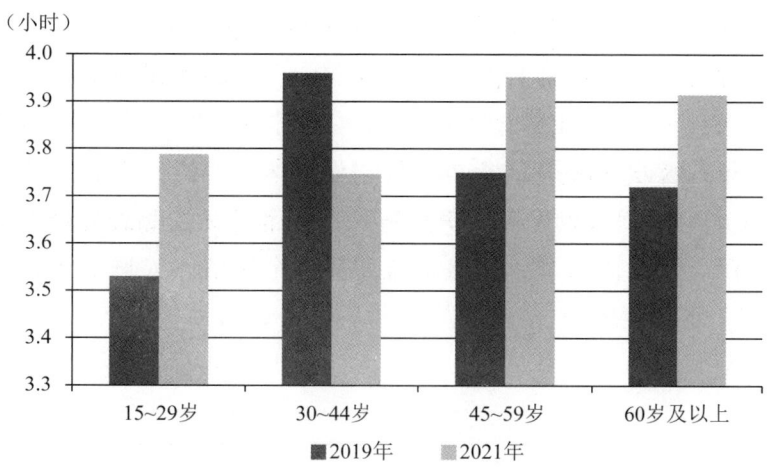

图1-11 不同年龄城镇居民工作日休闲时间

2021年，城镇居民周末休闲时间随年龄增加而减少，首先是60岁及以上的老年居民在周末的休闲时间最少，平均休闲时间为4.09小时；其次是45~59岁的居民，平均休闲时间是4.29小时；再次是30~44岁城镇居民平均休闲时间为4.35小时；最后是15~29岁的城镇居民，平均休闲时间是4.42小时（见图1-12）。城镇居民周末休闲时间随年龄增加而呈现出下降趋势。从纵向来看，与2019年相比，2021年各年龄阶段的人群的周末休闲时间均有一定程度增长，其中30~44岁城镇居民周末休闲时间涨幅最大，较2019年增加45%。

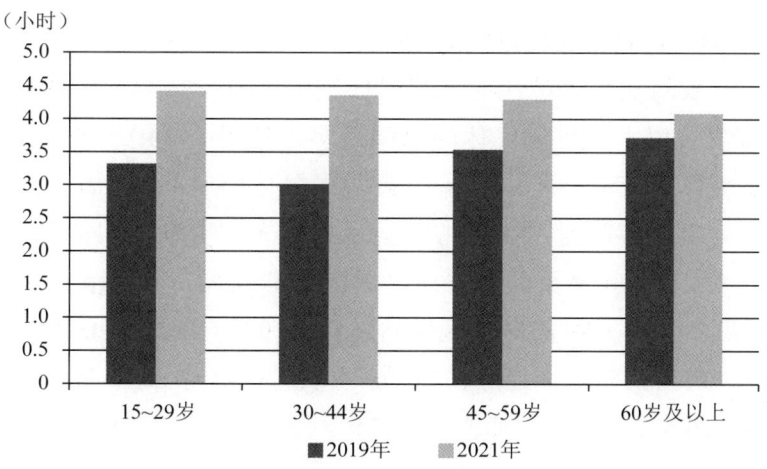

图1-12 不同年龄城镇居民周末休闲时间

2021年，城镇居民在周末休闲时间随年龄增加而减少，15~29岁城镇居民节假日休闲时间最多。从图1-13中可以看出，15~29岁城镇居民在节假日的休闲时间最多，且较2019年的增长率最高，达到29.74%。这是因为新冠疫情暴发后，中老年人喜欢在节假日参与的传统旅游休闲等活动受到影响，而对年轻人来说，休闲活动的选择更多，节假日不用外出也可借助短视频、游戏等网络活动进行休闲。从纵向来看，文旅融合期间各个年龄段人群节假日休闲时间较2019年均有一定程度增加。

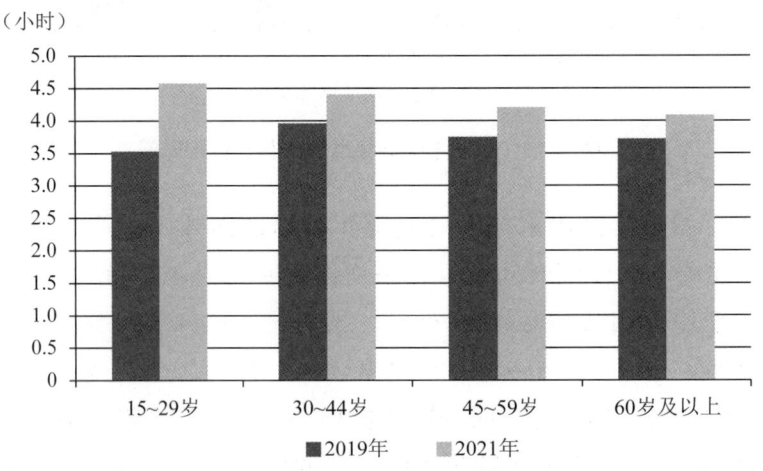

图1-13 不同年龄城镇居民节假日休闲时间

（二）不同年龄农村居民休闲时间

2021年，农村居民的休闲时间呈"U型"分布，30~44岁农村群体休闲时间最少，60岁及以上农村居民休闲时间最多（见图1-14）。对农村居民来说，其劳动主要为体力劳动，所以年龄因素对居民休闲时间的影响比较大，30~44岁农村居民为主要劳动力，在农忙时会承担更多的劳动，因此休闲时间最少，仅为3.97小时；而60岁及以上农村居民因年龄较大，不能承担过多农活，因此休闲时间最多，为5.50小时。从纵向来看，2021年农村居民农忙时节平均休闲时间总体呈现出大幅增加趋势，15~29岁农村群体与60岁及以上农村群体农忙时节休闲时间较2019年分别增长42.24%和76.28%。

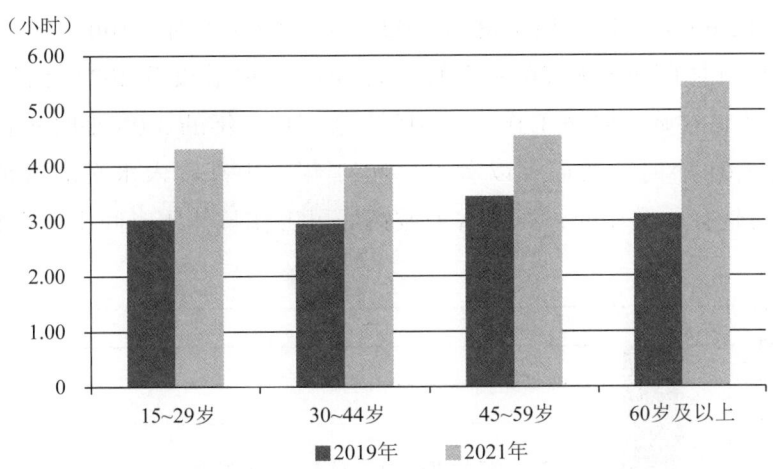

图 1-14　不同年龄农村居民休闲时间

根据以上分析，年龄在 60 岁及以上的农村居民的休闲时间是最多的，30~44 岁的农村居民休闲时间最少，这主要与农村从事体力劳动相关，与农村居民休闲时间的年龄差异较大有关。大部分年龄小于 30 岁的青年外出务工，30~44 岁的农村居民成了农村劳动的主力军，这部分人群劳作最多，因此休闲时间被压缩。而 60 岁及以上农村居民就相对比较清闲，他们逐渐退出农业劳动生产，由农村劳动的中坚力量变为需要被关怀照顾的对象，休闲时间相对较多。同时，纵向来看，2021 年农村居民休闲时间较 2019 年有了大幅度增加，这可能与农村居民休闲意识觉醒，农耕技术发展，休闲活动方式多样化等有关。

四、不同收入人群休闲时间特征

（一）不同收入水平城镇居民休闲时间

城镇居民工作日休闲时间随收入增加而减少。将城镇居民月收入大致分为低、中、高三个等级，即低收入为 5000 元以下，中收入为 5001 到 10 000 元，高收入为 10 000 元以上。通过加权计算后比较，可以明显看出城镇居民的休闲时间随着收入的增加而减少。2021 年，高收入人群在工作日时的日平均休闲时间为 3.61 小时，中等收入的平均休闲时间为 3.63 小时，低收入的工作日休闲时间为 4.03 小时（见图 1-15）。从纵向发展来看，2019—2021 年期间，各个收入段居民的工作日休闲时间呈现不同形式的变化。5000 元以下的城镇居民从 2019 年的 6.00 小时大幅下降为 2021 年的 4.03 小时；5001~10 000 元的城镇居民工作日休闲时间从 2019 年的 3.00 小时小幅增长至 2021 年的 3.63 小时；10 001 元以上的城镇居民工作日休闲时间从 2019 年的 3.00 小时小幅度增长至 2021 年的 3.61 小时。我们可以看出，2021 年，中高收入水平的城镇居民工作日休闲时间是有所增加的，而低水平城镇居民工作日休闲时间出现大幅下降。

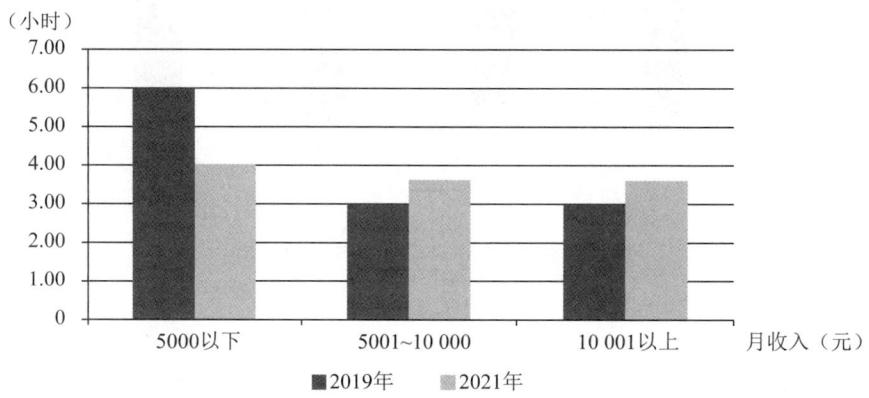

图 1-15　2021 年不同收入城镇居民工作日休闲时间

城镇居民周末休闲时间随收入的增加而增加。2021 年，高、中、低收入人群周末平均休闲时间分别为 4.56 小时、4.32 小时、4.30 小时，比工作日的日休闲时间平均增加 0.5 小时左右（见图 1-16）。从纵向来看，2019—2021 年期间，中、高收入城镇居民的周末休闲时间呈现小幅上升趋势，而低收入居民的周末休闲时间出现较大幅度下降。

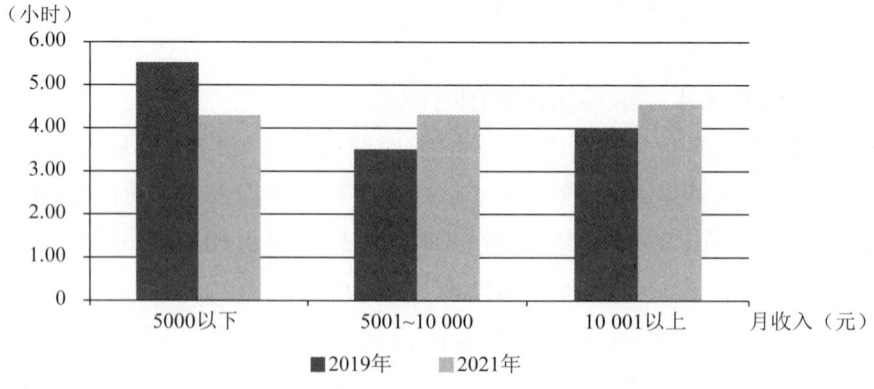

图 1-16　不同收入城镇居民周末休闲时间

2021年节假日表现出休闲时间随收入增加而呈现"U型"分布特征。高、中、低收入人群节假日平均休闲时间分别为4.80小时、4.25小时、4.37小时，各个收入阶层城镇居民节假日休闲时间与周末平均休闲时间基本持平，比工作日增加0.3~0.8个小时。从纵向来看，与2019年相比，中、低收入段城镇居民的节假日休闲时间均呈现下降趋势，而高收入水平城镇居民节假日休闲时间出现小幅度上涨（见图1-17）。

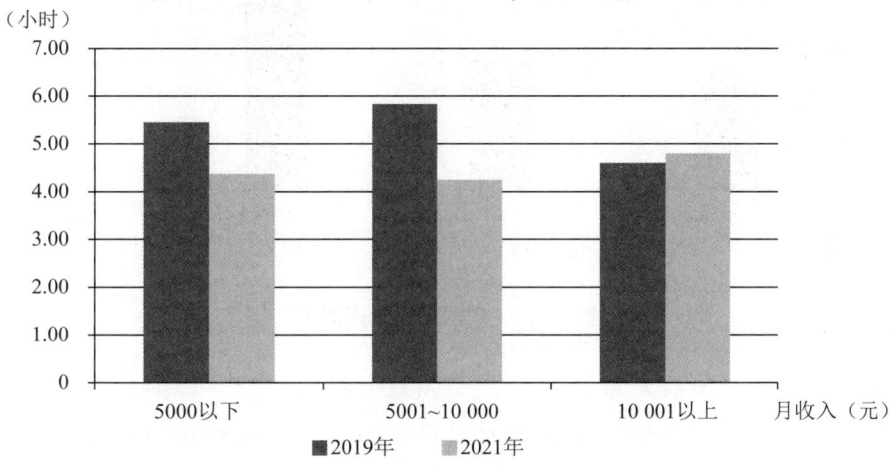

图1-17 不同收入城镇居民节假日休闲时间

根据以上分析，可以发现在工作日，收入越高的人群休闲时间越少，或是因为工作日高收入水平的城镇居民工作压力较大、工作繁忙，休闲时间相对较少。而在周末和节假日，收入越高的人群休闲时间越多，这可能是因为高收入人群休闲意识相对更强一些，注重利用闲暇时间进行休闲活、提高生活质量。

（二）不同收入水平农村居民休闲时间

对农村居民来说，将年收入5000元以下的人群定为低收入，年收入5001到15 000元的人群定为中等收入，年收入15 001元以上的人群定为高收入。从2021年的数据来看，农村居民休闲时间随收入增加而呈现"U型"趋势。农村居民高中低收入人群的平均休闲时间分别为4.35小时、4.31小时和4.71小时（见图1-18）。农村居民从事的主要为劳动密集型行业，高收入农村居民往往投入更多时间在劳动中，因此休闲时间相对较少。从纵向来看，同2019年相较，2021年中低收入农村居民休闲时间均出现大幅上涨，涨幅分别为55.60%

与89.16%；而高收入农村居民休闲时间出现较大幅度下降，从5.74小时下降至4.35小时，下降幅度为24.21%。

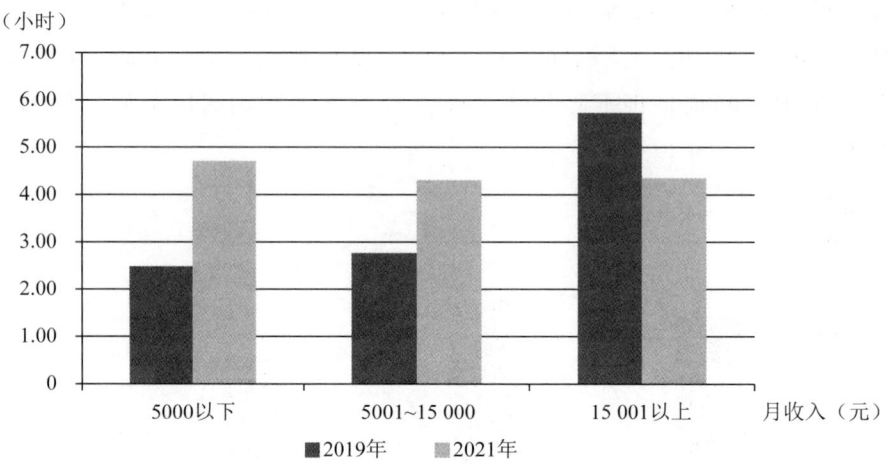

图1-18　农村居民休闲时间

第二章　国民休闲空间特征

居民休闲空间是指居民在特定的时间段进行休闲的空间范围，本章从城镇居民休闲空间、农村居民休闲空间和退休居民休闲空间三个方面对中国居民休闲空间的特征进行研究。对于休闲空间的研究不仅有利于了解居民的休闲空间需求，更重要的是可为政府布局休闲产业和企业打造休闲主体提供重要参考。

一、城镇居民休闲空间特征

城镇居民作为消费型休闲发展的主体，其休闲空间对休闲产业的发展具有很强的指导意义。本研究将从不同属性城镇居民在工作日、周末以及节假日三个时间段的休闲活动空间范围进行研究。

（一）城镇居民工作日休闲空间特征

居民休闲活动空间除了受经济水平、活动内容的影响外，更主要的是受到工作日时间限制。工作日作为居民闲暇时间最短的时期，其休闲活动空间也会受到相应的影响。另外，由于不同群体在工作日内的闲暇时间、工作强度均差异较大，其休闲空间也将有较大差异。基于此，本研究将对不同群体城镇居民的工作日休闲空间进行对比分析。

1. 总体特征：城镇居民工作日休闲半径呈现出收缩趋势，以中短距离的休闲半径为主

从调查结果来看，2021年，城镇居民工作日的休闲半径以3公里范围内为主，选择3公里以内的人数占被访群体的87.66%；城镇居民工作日的休闲半径在1~3公里范围人数最多，占受访群体的58.28%左右；而城镇居民休闲半径在7公里以上范围的休闲人数最少，占被访群体的1.01%左右（见图2-1）。一方面因为工作日休闲时间灵活度受限，较难进行远距离的休闲活动；另一方面主要是受新冠疫情影响，远距离的休闲活动开展难度大，安全风险高。总体来看，城镇居民工作日的休闲半径以1~3公里范围人数最多，呈现出明显的增长趋势。

与2019年相比，城镇居民的休闲半径呈现出一定程度的收缩趋势，转变为以中短距离的休闲半径为主要的休闲空间，尤其是1~3公里范围的人数比重从2019年的31.50%增长到2021年的58.28%，而7公里以上范围的人数比重从2019年的12.00%下降到2021年的1.01%。这说明总体上城镇居民工作日休闲空间有收缩的趋势，城镇居民更愿意在距家较近的地方进行休闲活动。

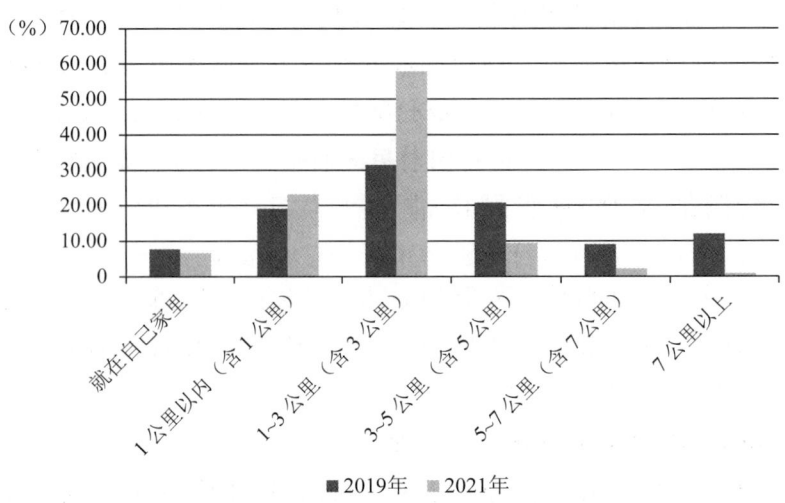

图2-1 2019年和2021年城镇居民工作日休闲空间结构

2. 性别：男性休闲半径整体高于女性，且两者均以1~3公里范围休闲半径为主

从城镇居民在工作日的休闲半径来看，随着休闲距离的扩大，居民数量呈现出先增后减的趋势。具体数据显示，男性居民和女性居民在工作日的休闲半径均相对较短，以1~2公里范围内所占比例最多，而7公里以上人数最少，占比均不到1%。

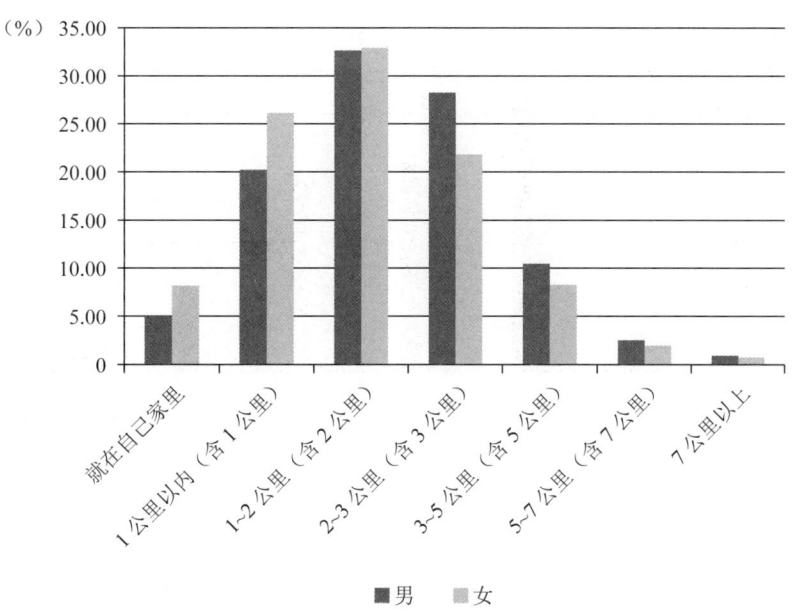

图 2-2　2021 年不同性别城镇居民工作日休闲空间结构

从不同性别居民在工作日的休闲半径对比来看，女性居民在 1 公里以内的比重占到 34.28%，而男性这一比例为 25.25%，原因在于相对于男性，女性更易受到家庭事务、照顾老人和小孩等活动的限制；在 1~3 公里范围内，男女比重相差不大，分别占比 60.87% 和 54.74%；3~7 公里（含 7 公里）以及 7 公里以上范围内，男性比重均高于女性。

3. 年龄：城镇居民工作日休闲半径总体呈现随年龄增长波动下降的趋势

从不同年龄居民休闲空间结构来看，在工作日，各年龄段休闲的趋势大致相同，总体上除 60 岁及以上群体外，各年龄段在 1~2 公里范围内人数都是最多的，其中尤以 15~29 岁居民人数最多，随年龄增大呈人数波动下降的趋势。具体而言，15~29 岁居民在 7 公里以上范围内人数最少，占比 0.71%；45~59 岁居民居家休闲人数最少，占比 4.21%；60 岁及以上居民 1 公里以内人数和 7 公里以上人数最多，分别占比 32.03% 和 1.47%（见图 2-3）。

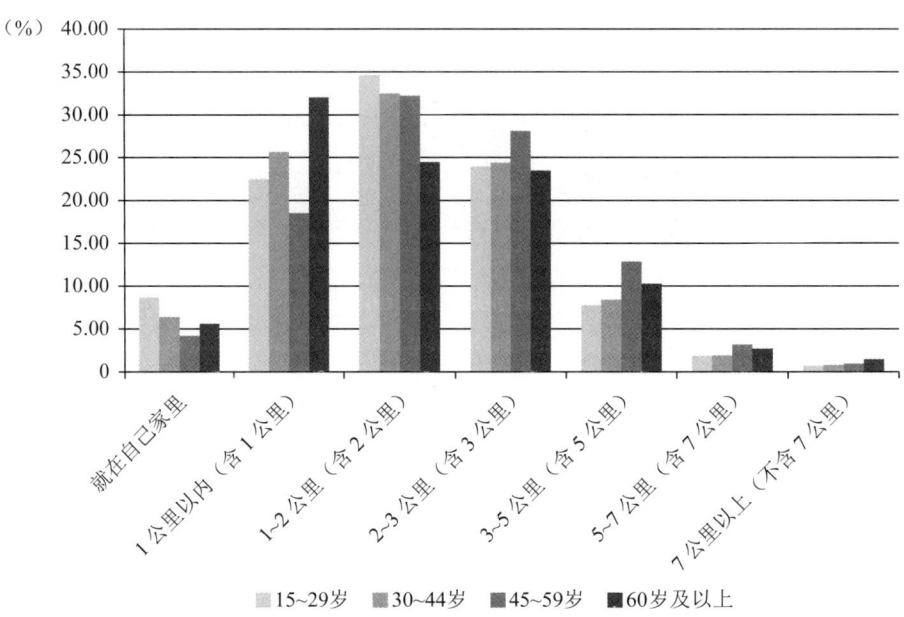

图 2-3　2021 年不同年龄城镇居民工作日休闲空间结构

从不同年龄段居民休闲空间对比来看，随着年龄增长，休闲空间总体呈递减趋势，即青年人的休闲活动空间较大，而中老年人的活动空间较小。其中，受闲暇时间限制或身体条件限制，1 公里以内休闲范围中以 30~44 岁和 60 岁及以上居民为主，分别占比 25.63% 和 32.03%；受工作时间灵活度增加及身体素质较好等因素影响，1~3 公里范围内以 45~59 岁居民为主，占比 60.28%；3~7 公里范围内以 45~59 岁居民为主，占比 16.04%；而在 7 公里以上范围中以 60 岁以上居民为主，占比 1.47%，这可能与 60 岁及以上城镇居民休闲时间较多有关。

4. 学历：休闲半径随学历升高而增加，硕士及以上学历的休闲半径相对最大

从不同学历居民休闲空间结构来看，在工作日各学历的休闲半径仍以中短距离为主，其中，1~2 公里范围的比重相对最高。小学及以下学历的人群休闲活动空间以居家休闲以及 1~2 公里范围内为主，占比均为 35.00%；而初中学历的休闲空间在 1~2 公里以内人数最多，占比 36.53%，在 5~7 公里的人数最少，占 0.46%。7 公里以上空间范围内，硕士及以上学历人群占比最高，为 1.52%（见图 2-4）。

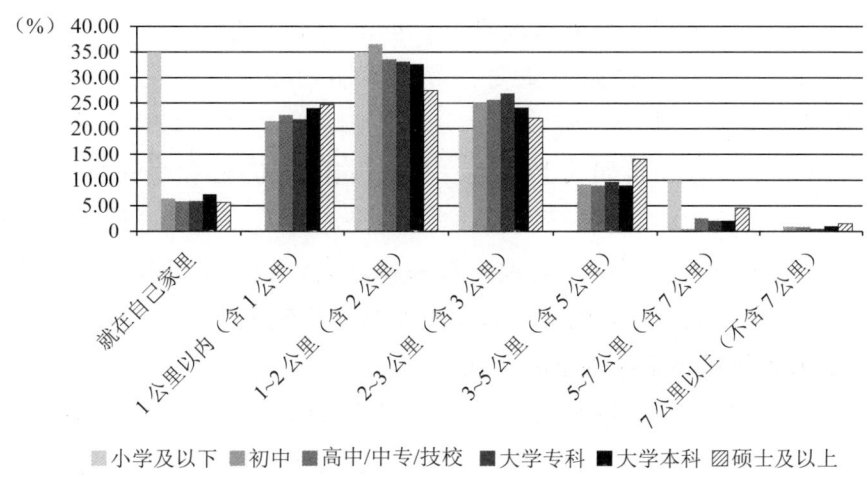

图 2-4　2021 年不同学历城镇居民工作日休闲空间结构

5. 婚姻状况：未婚人群和已婚人群的休闲半径差异不大，但未婚人群及已婚人群同离异人群及丧偶人群的休闲半径差异较大

在工作日，未婚人群和已婚人群的休闲半径差异不大，两者均倾向于选择 1~3 公里范围内的休闲活动，其中，未婚人群选择 1~2 公里（含 2 公里）的比例最高，达到 33.39%。已婚人群选择 7 公里及以上的比例最低，仅 0.79%（见图 2-5）。未婚人群和已婚人群的休闲半径同离异人群和丧偶人群的休闲半径相比更小，离异与丧偶人群选择中长距离出游的比例高于未婚人群和已婚人群。

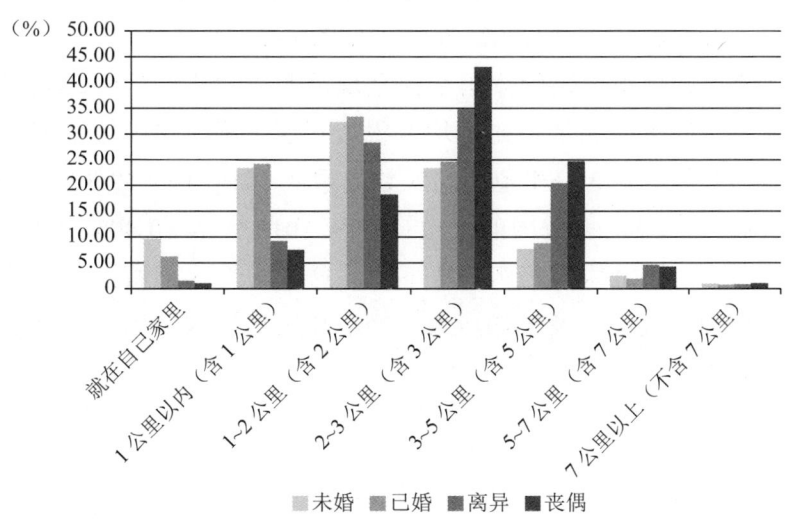

图 2-5　2021 年不同婚姻状况城镇居民工作日休闲空间结构

未婚人士时间充裕，身体状况良好，但因为缺少游伴，偏向于选择中短距离范围进行休闲活动；已婚人士受家庭因素制约较大，闲暇时间可能要处理家庭事务及照顾老人孩子，所以1~3公里范围内已婚人群较多，占比58.06%；3~7公里范围以离异和丧偶人群为主，分别占比25.05%和29.03%，对于离异和丧偶的人，家庭束缚较少，且拥有一定的经济能力，可以进行更远的休闲活动；而在7公里以上范围中，丧偶人群占比最高，达到1.08%，原因可能在于这个群体的可自由支配时间以及可自由支配财产均较多。

（二）城镇居民周末休闲空间特征

相对于工作日来说，城镇居民周末的闲暇时间相对较长，一周的工作，会使得居民休闲欲望增强，其休闲活动空间也会得到相应的提升。基于此，本研究将对不同群体城镇居民的周末休闲空间进行对比分析。

1. 总体特征：与2019年相比，城镇居民周末休闲空间范围显著收缩，总体以3公里范围内为主

从城镇居民总体的周末休闲空间结构来看，在周末，人们的闲暇时间增多，可以根据自己的喜好选择两天的休闲方式。但总体来看，2021年，居民周末的休闲空间和工作日趋势大致相同，大多数居民仍愿意选择中短距离进行休闲。

从调查结果来看，城镇居民周末的休闲半径以3公里范围内为主，人数占比达87.66%，城镇居民周末的休闲半径在1~3公里（含3公里）范围人数最多，占被访群体的58.28%左右，而城镇居民休闲半径在7公里以上是休闲人数相对最少的空间，占被访群体的1.00%左右（见图2-6）。

与往年相比，城镇居民的休闲半径呈现出明显的收缩趋势，城镇居民的居家休闲比例、远距离休闲活动比例均有很大程度下降，但中短距离休闲活动比例大幅上升。尤其是1~3公里范围的人数比重从2019年的32.30%增长到2021年的58.28%，7公里以上范围的人数比重从2019年的10.40%下降到2021年的1.00%。同时，居家休闲比例持续下降，这说明总体上城镇居民外出休闲的欲望增强，但因为疫情以及工作压力、经济压力等原因，周末休闲空间有向中短距离收缩的趋势。

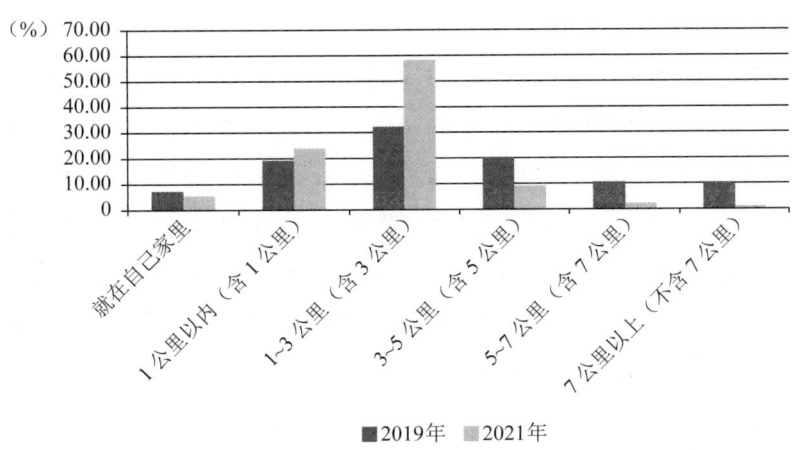

图 2-6 2019 年和 2021 年城镇居民周末休闲空间结构

2. 性别：男性周末休闲半径总体大于女性，且两者均以 1~3 公里范围休闲半径为主

从不同性别城镇居民周末休闲空间来看，男女人数比重差异不大，总体上男性休闲半径要大于女性。

从不同性别城镇居民周末休闲空间对比来看，女性居民在自己家里和 1 公里范围内的比重占到 33.47%，而男性这一比重仅为 25.29%，可见，即使在周末女性也会因为家庭事务、照顾老人与小孩而把休闲活动局限在家里。在 3~7 公里（包含 7 公里）及 7 公里以上范围内，男性所占比例均大于女性（见图 2-7）。

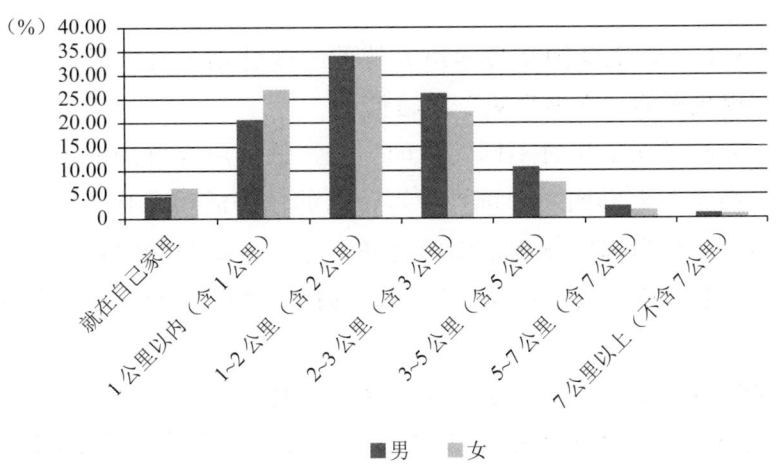

图 2-7 2021 年不同性别城镇居民周末休闲空间结构

3. 年龄

对于不同年龄城镇居民周末休闲空间结构，总体上各个休闲半径存在着明显的分布差异，在不同休闲半径里各年龄段的人数所占比例均有所不同。从不同年龄城镇居民周末休闲空间对比来看，1~3公里休闲是各年龄阶段的主要选择，其中以45~59岁占比最高，达到59.90%。60岁及以上的居民是1公里以内休闲空间选择的主体，占比41.15%，45~59岁的居民是3~7公里与7公里以上休闲空间选择的主体，占比分别为15.57%与1.48%。45~59岁的城镇居民在周末的休闲半径相对最大（见图2-8）。

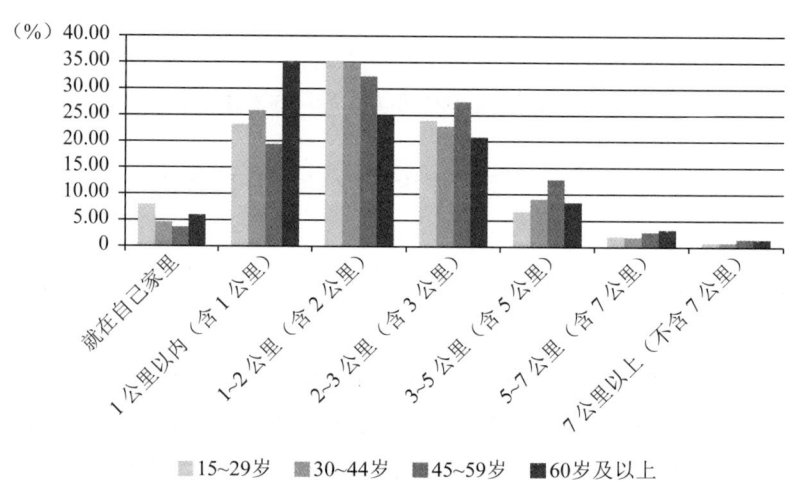

图2-8 不同年龄城镇居民周末休闲空间结构

4. 学历：1~3公里范围是各学历人群的主要休闲半径，且随学历水平的升高，占比呈现显著的"先增后减"的趋势

不同学历段呈现出相对不同的休闲半径，低学历人群倾向于选择短距离的休闲活动，高学历人群倾向于选择中短距离的休闲活动。具体而言，小学及以下学历是居家1公里以内休闲范围的选择主体，占比50.00%；初中、高中/中专/技校、大学专科、大学本科学历人群选择1~3公里的人数比重相近，均超过57.00%。

从不同学历对比来看，大学专科、大学本科和硕士及以上学历的居民周末休闲半径相对最大，休闲半径在3~7公里的人数比重分别为10.21%、11.42%和17.03%，因为其工作大都是双休，有充足的时间来休闲，其外出的机会亦多；

小学及以下学历的休闲半径较小，休闲半径在 3~7 公里的人数比重 9.09%。

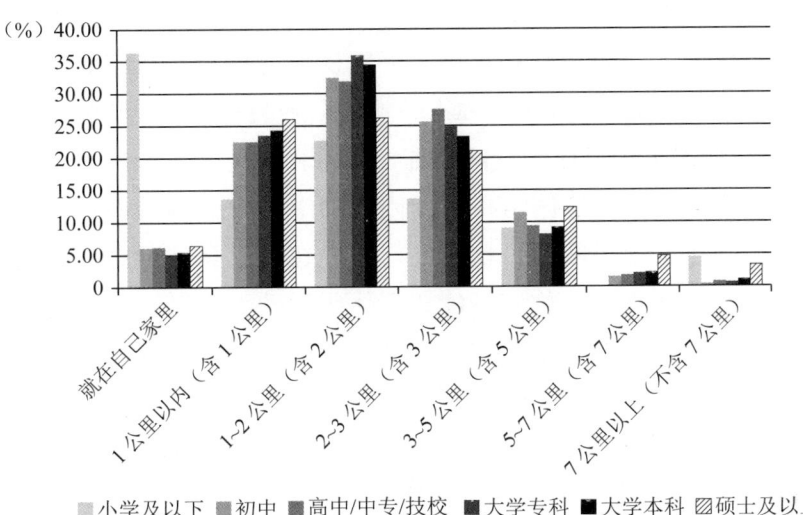

图 2-9 2021 年不同学历城镇居民周末休闲空间结构

5. 婚姻状况

从不同婚姻状况的城镇居民周末休闲空间来看，同离异与丧偶居民相比，未婚和已婚居民选择在自己家里和 1 公里范围内进行休闲的人数相对较多，分别占比 33.30% 和 29.73%，而 3~7 公里范围的人数相对较少，分别占比 9.58% 和 10.88%；整体来看，离异与丧偶居民选择中长距离休闲半径的意愿较大。

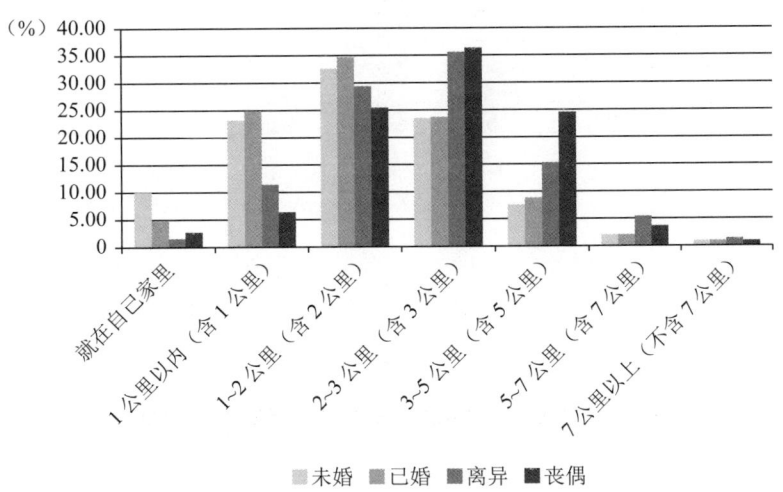

图 2-10 2021 年不同婚姻状况城镇居民周末休闲空间结构

从不同婚姻状况对比来看，离异和丧偶人群在周末时间宽裕的情况下，一般会选择离家较远的地方休闲活动娱悦身心，休闲半径在3~7公里的比重分别为20.70%和28.18%；而未婚和已婚人群因受财力限制或受家庭制约，休闲半径以短距离为主，其中，3公里以内人数比重分别为69.49%和88.17%。

（三）城镇居民节假日休闲空间特征

节假日，城镇居民旅游休闲在其休闲活动中所占比例明显提升，所以3公里以上休闲空间较其他时间段占比更高。人们在节假日这样集中的闲暇时间更愿意去较远距离的地方进行旅游、度假等休闲活动。而对于近距离休闲，居民也会选择去相对较远的公园、商场、影院休闲场所进行消费性休闲。基于此，本研究对不同群体城镇居民的节假日休闲空间进行了研究。

1. 总体特征：城镇居民节假日期间休闲半径有较明显增加

在节假日，人们有集中且充裕的时间去较远的地方进行休闲，并且大多数人趁着节假日进行很多社交旅游方面的休闲，这样使得节假日不同于平常，其休闲空间特点比较特殊。从图2-11可见，与周末相比，节假日在3公里以内休闲的人数占比均低于周末，但在3公里以上范围休闲的人数占比均高于周末，节假日的休闲半径整体上较大。总体而言，节假日城镇居民的休闲半径虽然仍以中短距离为主，但较工作日与周末，中远距离范围的休闲人数占比有较明显增长。

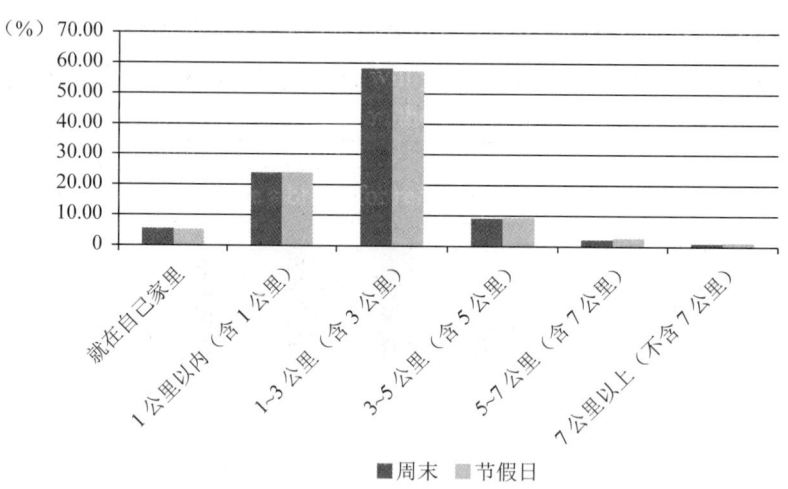

图2-11　2021年城镇居民周末和节假日休闲空间结构

2. 性别：男性休闲半径大于女性

整体而言，男女两个群体的休闲半径均以中短距离为主，男性居民节假日休闲半径大于女性居民。女性居民在自己家里和1公里以内进行休闲的比重占到35.95%，而男性占比25.46%，略低于女性；在2~3公里、3~5公里、5~7公里范围，男性比重高于女性，分别占比26.40%、10.83%和2.87%。可见，在节假日，男性休闲半径大于女性。

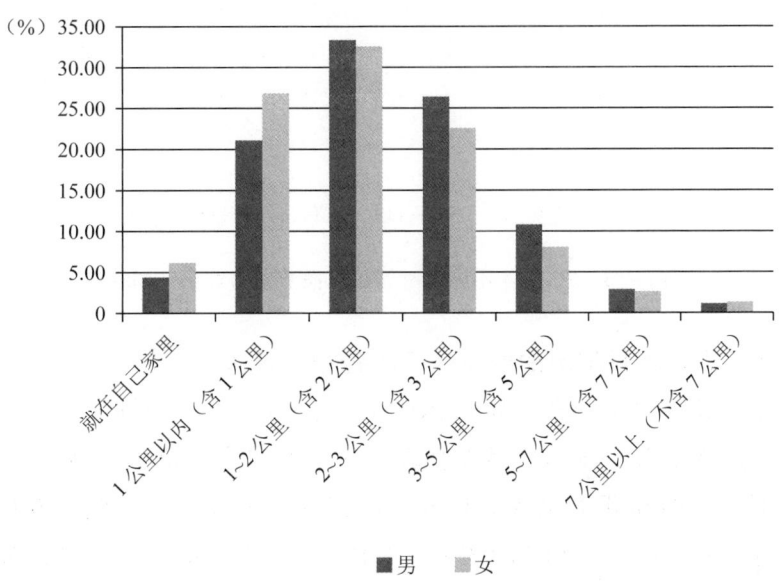

图2-12 2021年不同性别城镇居民节假日休闲空间结构

3. 年龄：中老年群体休闲半径总体大于年轻群体

在节假日，各个年龄段城镇居民休闲半径呈现出不同的特点。45~59岁城镇居民3~7公里及7公里以上人群占比最高，分别为16.04%与1.56%。中老年人休闲时间充足，且有一定的经济实力，在节假日会选择较远距离的范围进行休闲放松。

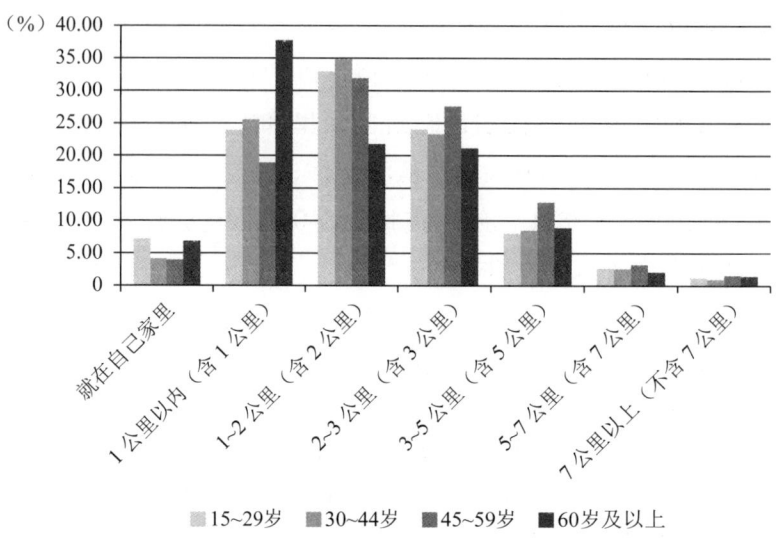

图 2-13　2021 年不同年龄城镇居民节假日休闲空间结构

4. 学历：大学本科学历的群体休闲半径相对最大

低学历人群倾向于选择短距离休闲活动，高学历人群倾向于选择中长距离休闲活动，整体来看，休闲半径随受教育水平的提高先增加再减少。具体而言，小学及以下、初中和硕士及以上是选择居家和 1 公里以内休闲活动的主体，分别占比 50.00%、34.35% 和 31.93%；高中/中专/技校、大学本科和硕士及以上学历是选择 7 公里以上的主体，分别占比 1.06%、1.43% 和 2.57%。

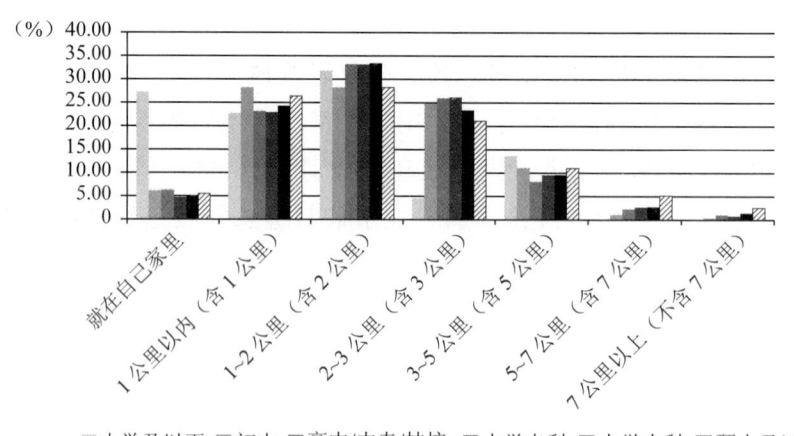

图 2-14　2021 年不同学历城镇居民节假日休闲空间结构

5. 婚姻状况：离异和丧偶人群依然是中长距离休闲活动的主体，未婚和已婚群体休闲半径相对较小

未婚人士受家庭的制约较小，但由于缺少游伴或经济压力较大等原因，在节假日时间宽裕的情况下，仍较为偏爱在近处游玩；而已婚人士虽然要照顾家庭，但节假日时间可以与家庭一起进行休闲活动，休闲半径在1~3公里的比例也相对较高，为57.65%。离异和丧偶人士家庭约束少，可以借助节假日到较远的地方进行休闲活动以释放身心，3~7公里范围的比例分别为22.71%和28.85%。

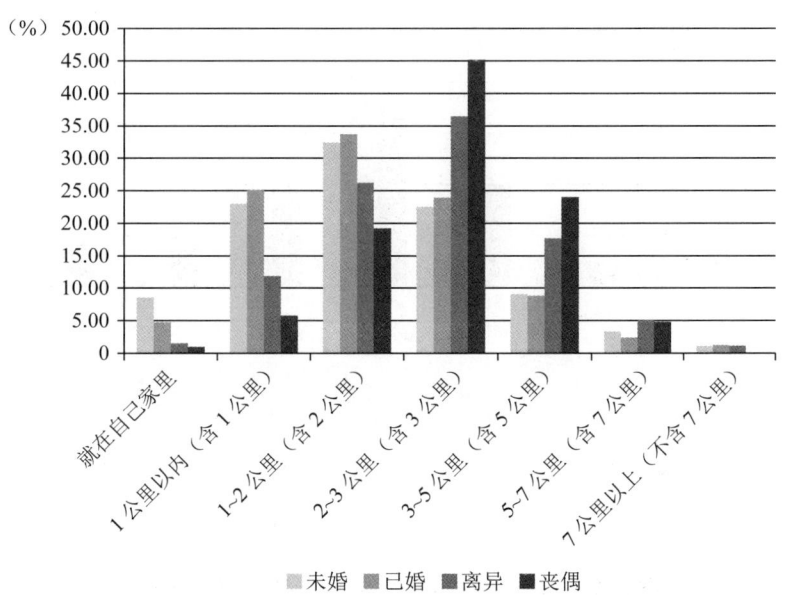

图2-15　2021年不同婚姻状况城镇居民节假日休闲空间结构

二、农村居民休闲空间特征

随着人们物质生活水平的不断提高，休闲已成为与每个人的生存息息相关的领域，成为人们生活的重要组成部分。农村居民也不例外，他们内心也强烈渴望休闲，有休闲需求。所以关注农村居民的休闲生活，不仅是提高农村居民生活满意度的需要，同时也是建设社会主义新农村的应有之义。研究农村居民休闲空间将为农村居民获得更多的公益性休闲产品提供支撑和保障。本研究将从农忙和农闲两个方面对农村居民的休闲空间进行分析。

（一）总体特征：农村居民休闲空间结构呈现正态分布，休闲半径存在明显收缩

从农村居民的休闲空间结构来看，2021年，农村居民的休闲活动主要在3公里以内范围，总占比87.96%，其中尤以1~3公里范围内的休闲选择比重最大，为49.62%；7公里以上范围的休闲选择比重较小，为0.78%。与2019年相比，农村居民居家休闲的比重明显上升，休闲半径收缩明显（见图2-16）。

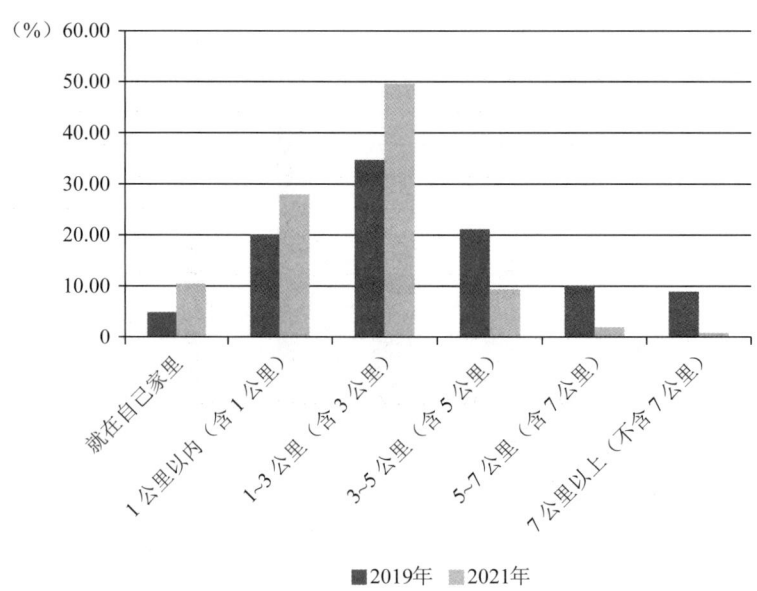

图2-16　2019年和2021年农村居民休闲空间结构

（二）性别：男性休闲半径大于女性

从不同性别农村居民的休闲空间对比来看，男女对于休闲半径的选择存在一定差异，总体上呈现性别差异随休闲半径扩大而有所减小的趋势。具体来看，2021年，女性选择1公里以内（含1公里）范围进行休闲的比重最大，为35.54%；男性选择1~2公里以内范围的比重最大，为31.99%，男女选择7公里及以上范围休闲的比重最小，分别为1.29%和0.27%（见图2-17）。

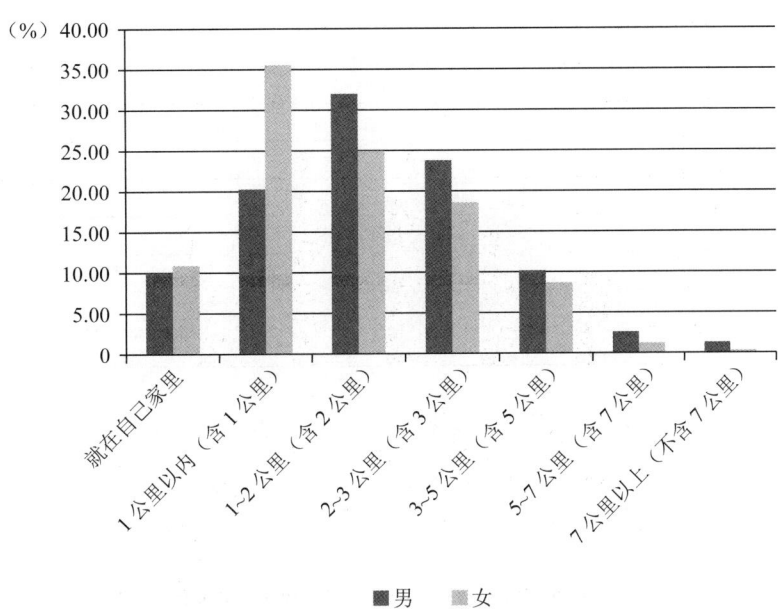

图 2-17 2021 年不同性别农村居民农忙时休闲空间结构

从不同性别农村居民农忙时的休闲空间对比来看，男性居民在自己家里和 1 公里以内进行休闲的比例占 30.25%，而女性这一比例占 46.42%，女性比重偏大，原因在于女性更易受到家庭事务、照顾老人和小孩等活动的限制，尤其是农忙时，做农活儿会占去大部分时间，且还要从事家务活动，即使休闲也只能局限于家中。

（三）年龄：中青年群体的休闲半径相对最大

从不同年龄农村居民农忙时的休闲空间来看，各年龄段的居民休闲半径有一定的差异，各年龄段大都偏向于中短距离进行休闲。细分来看，各年龄段选择 1~3 公里范围进行休闲活动的比重最大。15~29 岁人群选择居家休闲和 3~5 公里距离休闲的占比相对较小，30~44 岁与 60 岁及以上人群选择 7 公里以上的休闲活动比重最小（见图 2-18）。

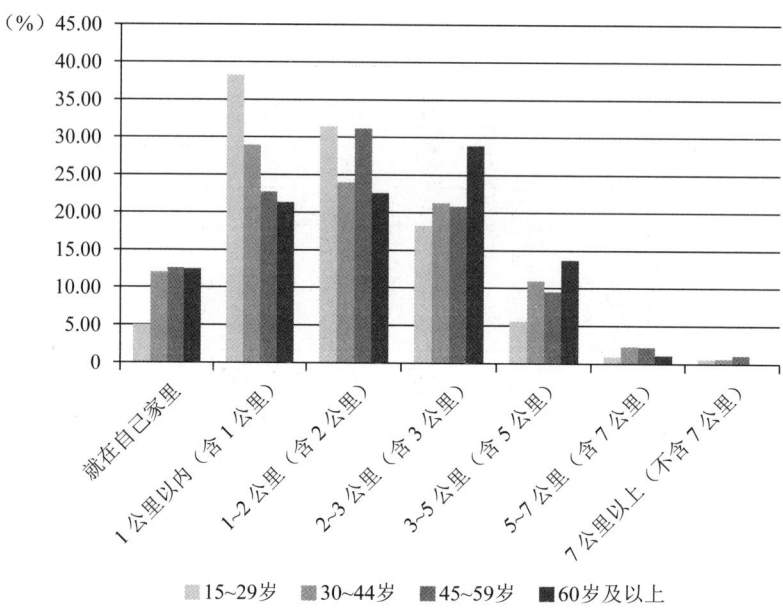

图 2-18　2021 年不同年龄农村居民休闲空间结构

从不同年龄农村居民农忙时的休闲空间对比来看，15~29 岁以及 30~44 岁的中青年受到学习压力、务农压力与家庭的制约，以中短途休闲为主，休闲半径在 3 公里以内的比例分别为 92.96% 与 86.16%，闲暇时间较少。45~59 岁农村居民的休闲半径相对最大，7 公里以上休闲均占比最高，为 1.08%。60 岁以上的老年人居家休闲的比例最低，大多选择在 1~3 公里内休闲，由于身体原因，较少进行 7 公里以上的休闲。

（四）婚姻状况：已婚人士休闲半径较小，未婚人士和离异人士休闲半径较大

从不同婚姻状况农村居民农忙时的休闲空间来看，对于不同婚姻状况的农村居民，其休闲半径有一定差异。细分来看，已婚、离异和丧偶人群均在 1~3 公里范围内的比重最大，分别占比 50.01%、51.44%、51.79%，未婚人群则在 1 公里范围内（含在自己家里）的比重最大，为 47.31%。已婚和丧偶人群在 7 公里以上比重最小（见图 2-19）。

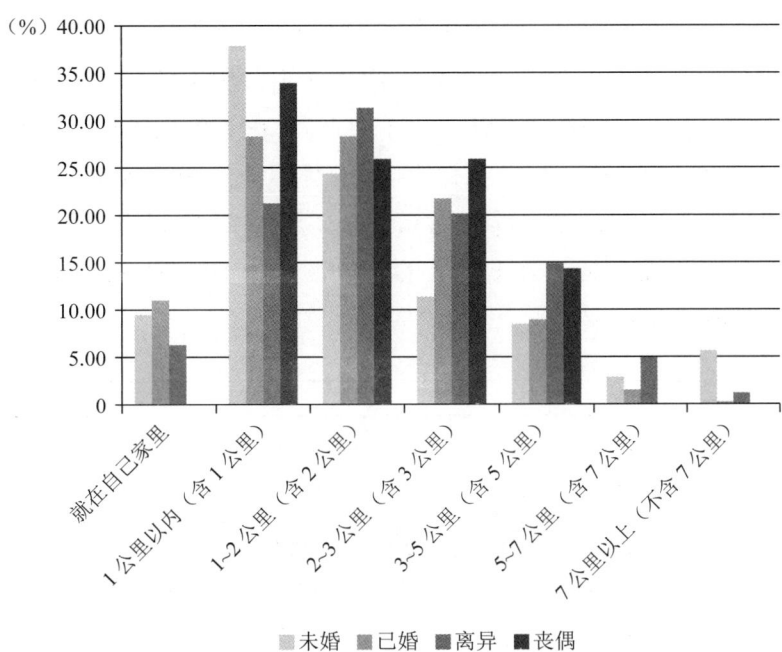

图 2-19　2021 年不同婚姻状况农村居民休闲空间结构

对于不同婚姻状况农村居民农忙时的休闲空间对比分析，本报告主要统计了已婚、未婚、离异和丧偶四个群体的居民。其中，已婚人士受家庭因素制约较大，闲暇时间可能要处理家庭事务及照顾老人孩子，休闲半径在 3 公里以外的比重最低，在 1~3 公里的比重最高，为 50.01%；而离异人士和丧偶人士时间充裕，休闲半径在 3 公里以外的比例为 21.04% 和 14.28%。

三、退休居民休闲空间特征

随着国民生活品质的不断提高，卫生条件的不断改善，医疗水平的不断提升，退休后的居民大都身体健康，而且都有一定的积蓄。其中很多退休居民不仅有退休金，还有子女定期的补贴，所以该群体成为当前一个非常大的休闲群体。基于此，本研究对不同群体的退休居民的休闲空间进行了研究。

（一）总体特征：退休居民休闲半径总体以中短距离为主

由于退休居民的闲暇时间增多，可以自由选择休闲时间和休闲方式。从调查结果来看，受身体因素与经济观念的制约，退休居民也是以中短距离休闲为首要选择，休闲半径相对较小。从不同休闲半径细分来看，2021年1~3公里的退休居民最多，占比50.11%；1公里以内（含1公里）的休闲的退休居民人数次之，占24.60%；居家休闲人数占比13.17%。在3公里以内休闲的退休居民总共占比87.88%。因此退休居民休闲半径总体以中短距离为主。另外，退休居民在7公里以上的人数最少，仅占比0.50%。与2019年相比，退休居民休闲半径收缩趋势明显，尤其是7公里以上的人数，由2019年的9.20%降至2021年的0.50%（见图2-20）。

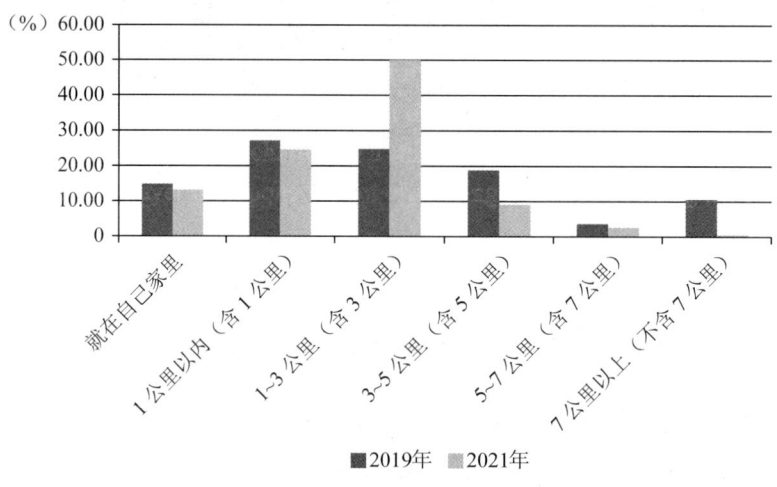

图2-20　2019年和2021年退休居民休闲空间结构

（二）性别：男性退休居民的休闲半径整体大于女性

从不同性别退休居民的休闲空间来看，退休居民选择在自己家里进行休闲的性别差异不明显，选择1公里以内（含1公里）进行休闲的女性占比明显高于男性，而选择1公里以上进行休闲的男性退休居民占比明显高于女性，尤其是选择2~3公里（含3公里）的退休居民。可见，女性退休居民倾向于选择居家1公里以内（含1公里）的范围内进行休闲，而男性退休居民倾向于选择居家1~3公里的范围内进行休闲（见图2-21）。

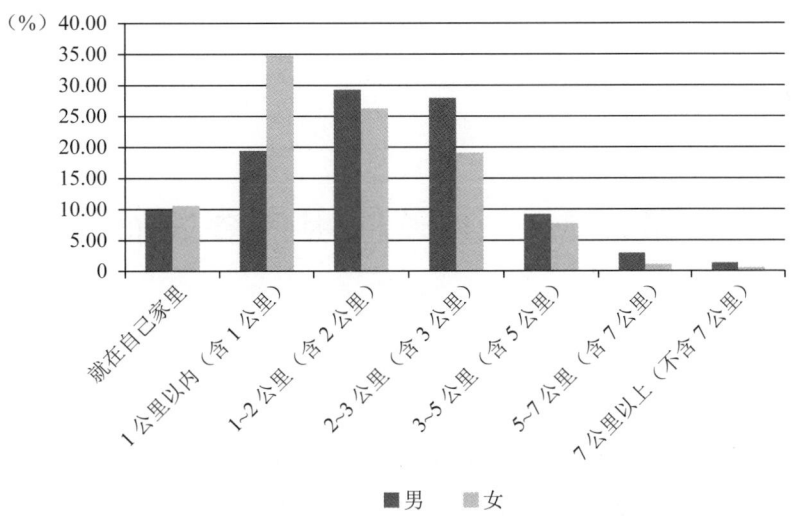

图 2-21　2021 年不同性别退休居民休闲空间结构

（三）学历：低学历人群倾向于选择近距离休闲，高学历人群倾向于选择中长距离休闲

从不同学历退休居民的休闲空间来看，学历越高的退休居民，其休闲半径越大。细分来看，初中及以下学历居民在 1 公里以内人数最多，小学及以下学历居民在 1~3 公里人数最多。大学本科学历居民在 7 公里以上人数占比最多（见图 2-22）。

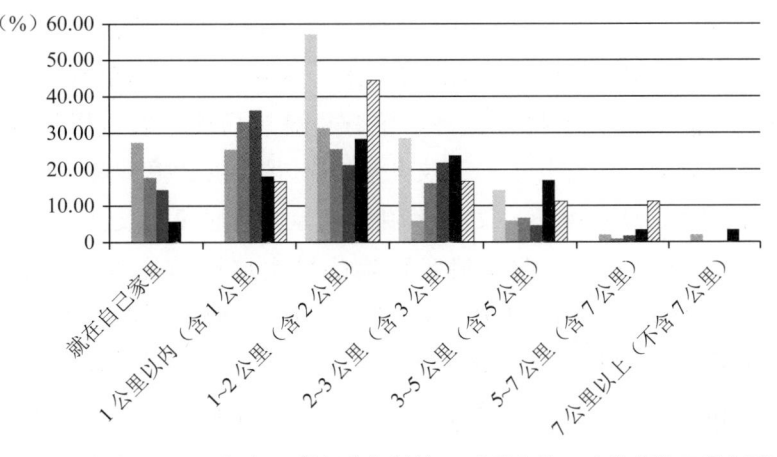

图 2-22　2021 年不同学历退休居民休闲空间结构

第三章　国民休闲内容特征

休闲内容（休闲活动）调查主要以居民休闲活动为主，根据调查结果，将我国城乡居民的休闲活动分为消费购物类休闲活动、文化类休闲活动、体育健身和居家类休闲活动四个大类。城乡居民的休闲偏好、休闲时间、休闲设施等方面的不同导致了我国居民休闲内容的差异。

一、国民休闲内容总体特征

鉴于中国城镇居民和农村居民以及退休人员在休闲行为方式与休闲内容方面存在显著不同，我们将城镇居民和农村居民以及退休人员分别进行了考察和分析。2018年文化和旅游部的设立使"诗和远方"走在了一起，文化与旅游相融相生，"大部制"改革进一步推动了文旅融合，在"宜融则融、能融尽融"的理念指导下，国民休闲内容不断丰富和深化，休闲活动选择范围不断扩大，休闲体验不断提升。为此，本报告也将着重分析城镇居民、农村居民以及退休人员的文化类休闲活动的内容特征，为文旅融合发展提供数据参考。

总体来看，除消费购物外，文化休闲已成为城乡居民重要的日常生活选项。从休闲活动总体结构来看，选择消费购物的城乡居民占比具有绝对优势，为60%左右；其次为文化休闲，占比20%左右；居家休闲和体育健身次之。对于城镇居民，随着闲暇时间增多，消费购物占比下降，而文化休闲比重上升。节假日与工作日相比，选择消费购物的城镇居民占比下降1.48个百分点，文化休闲占比上升2.81个百分点。

（一）城镇居民文化休闲意识日益增强

在工作日，2021年参与调查的城镇居民选择的休闲方式按分配比例分别为[①]：选择消费购物（包括外出就餐、实地购物、美容、美发、美甲、洗浴、按摩、足疗、咖啡厅、茶馆、酒吧、KTV、唱歌、游乐游艺、DIY手工坊等）的有7044人次，约占受访城镇居民总人数的64.09%；选择文化类休闲活动（电影院、戏剧、歌剧院、音乐厅、博物馆、展览馆、名人故居、实地看文艺演出、体育比赛、书店、图书馆、学习科学文化知识、书法绘画集邮等活动）的有1969人次，约占受访城镇居民总人数的17.91%；选择体育健身（包括去健身中心、舞蹈瑜伽、球类运动、游泳、跑步、骑自行车、散步遛弯、唱歌跳舞、广播操、传统体育锻炼活动等）的有930人次，约占受访城镇居民总人数的8.46%；还有选择居家休闲（包括家庭内聊天、亲戚串门、看电视、玩游戏、玩手机、玩pad、上互联网、打牌、打麻将、无事休闲、养花草和宠物、汽车维修保养、室内装修装饰等活动）的有1049人次，约占受访城镇居民总人次的9.54%（见图3-1）。

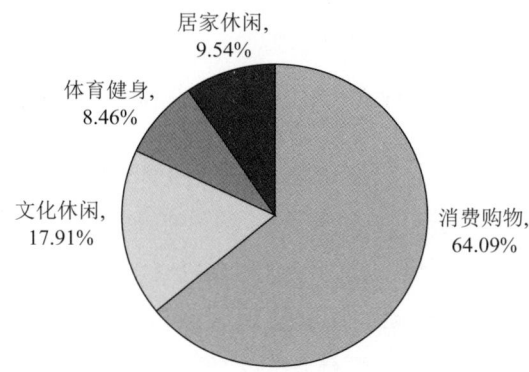

图3-1 2021年城镇居民工作日休闲活动选择

在选择文化类休闲活动的1969人次中[②]，65%左右的城乡居民最喜欢看电影、参观博物馆、展览馆等，去戏院、歌剧院、音乐厅听等听戏曲、歌剧、音乐剧等休闲活动。其中，选择电影院的约占25.14%，选择戏剧院、歌剧院、音乐厅的约占18.59%，选择博物馆、展览馆、名人故居等的约占20.26%，选择实地观看文艺演出、体育比赛的约占10.26%，选择书店、图书馆的约占12.44%，选择学习

---

① 因为被调查者可以选择1~4项休闲活动，因此各个比例是按统计的人次进行计算的。2021年仅考虑国民惯常环境下10千米、6小时以内的休闲活动，因此本调查不包括旅游。为对国民休闲行为进行纵向对比分析，图中2019年休闲内容比例为重新调整后数据（剔除旅游后重新计算）。下同。

② 因为被调查者可以选择1~4项休闲活动，因此此处各文化类休闲活动比例是按统计的人次进行计算的。下同。

科学文化知识的约占9.29%，选择书法绘画集邮等活动的约占4.02%（见图3-2）。

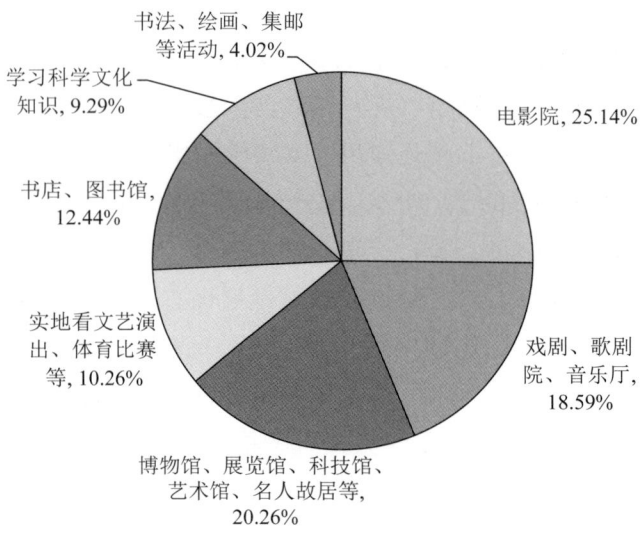

图3-2　2021年城镇居民工作日文化类休闲活动内容分配

从城镇居民工作日的纵向数据来看（图3-3），2019年及2021年选择消费购物的城镇居民人数占比分别为57.49%、64.09%，呈现小幅上涨趋势；选择文化类休闲活动的城镇居民人数占比分别为15.11%、17.91%，基本平稳，有较小上升；选择体育健身类休闲活动的城镇居民人数占比分别为13.28%、8.46%，呈现较为明显的下降趋势；选择居家休闲活动的城镇居民人数占比分别为14.12%和9.54%，呈现较为明显的下降趋势。总体来看，工作日城镇居民外出休闲意识更强，购物消费为主要增长方向，体育健身类、居家休闲类休闲活动下降。

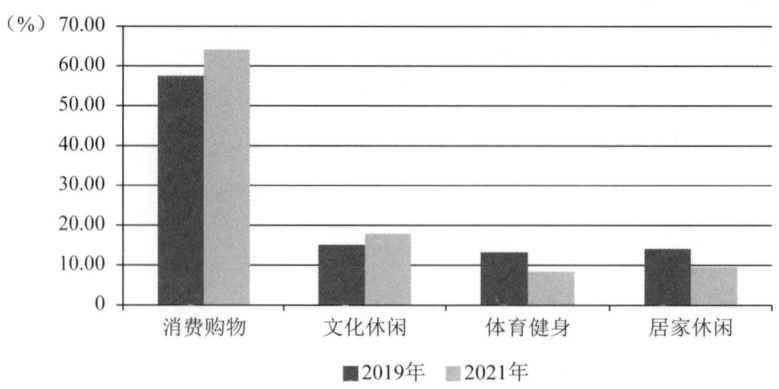

图3-3　2019年和2021年城镇居民工作日休闲活动选择

2021年城镇居民周末的休闲活动选择分配主要是：选择消费购物类休闲活动的有7055人次，约占受访城镇居民总人次的63.97%；选择文化类休闲活动的有2095人次，约占受访城镇居民总人次的19.00%；选择体育健身的有885人次，约占受访城镇居民总人次的8.02%；选择居家休闲活动有994人次，约占受访城镇居民总人次的9.01%（见图3-4）。

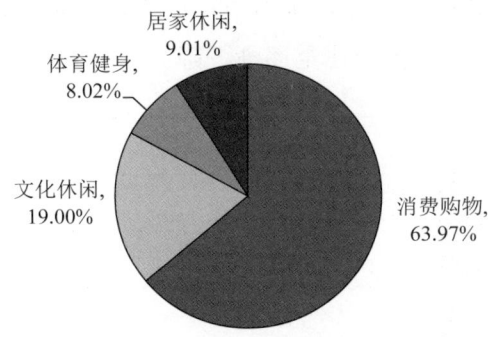

图3-4　2021年城镇居民周末休闲活动选择

周末，选择文化类休闲活动的2095人次中，选择电影院的约占27.11%，选择戏剧院、歌剧院、音乐厅的约占17.66%，选择博物馆、展览馆、名人故居等的约占21.00%，选择实地观看文艺演出、体育比赛等的约占10.69%，选择书店、图书馆的约占11.46%，选择学习科学文化知识的约占7.02%，选择书法、绘画、集邮等活动的约占5.06%（见图3-5）。

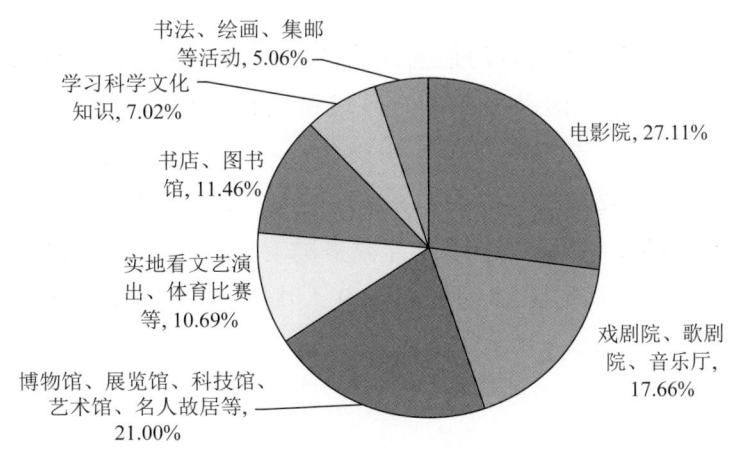

图3-5　2021年城镇居民周末文化类休闲活动内容分配

从城镇居民周末休闲的纵向数据来看（图3-6），在2019年以及2021年，选择消费购物的城镇居民人数占比分别为59.01%、63.97%，呈小幅增长趋势；选择文化休闲的城镇居民人数占比分别为16.62%、18.99%，亦出现小幅上涨；选择体育健身类休闲活动的城镇居民人数占比分别为10.94%、8.03%，总体呈递减趋势；居家类休闲活动的城镇居民人数占比分别为13.43%、9.01%，出现一定幅度下降。总体来看，在周末休闲中，城镇居民消费购物、文化休闲比重稳步提升，体育健身与居家休闲比重逐渐下降。

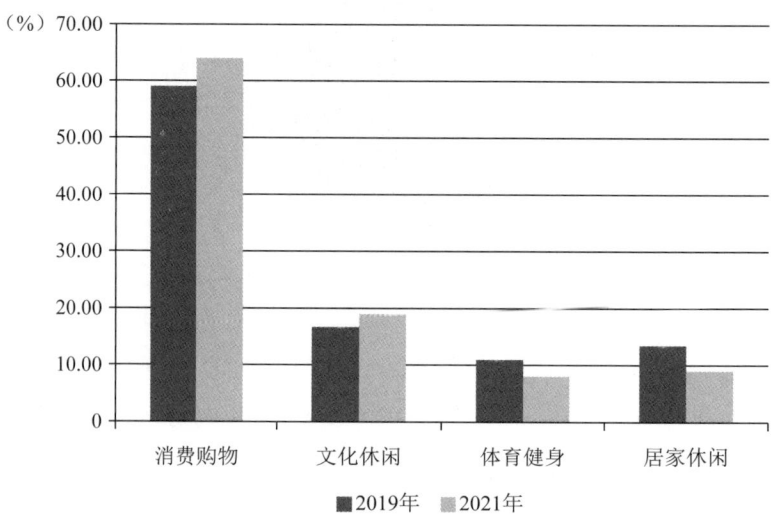

图3-6 2019年和2021年城镇居民周末休闲内容分配比例

节假日是城镇居民休闲时间最为充裕的时间段。城镇居民可根据自己的需求选择最为喜爱的休闲活动。图3-7是城镇居民节假日休闲内容分配，2021年调查问卷显示节假日选择消费购物类休闲活动的有6827人次，约占受访城镇居民总人次的62.60%；选择文化类休闲活动的有2260人次，约占受访城镇居民总人次的20.73%；选择体育健身的有848人次，约占受访城镇居民总人次的7.78%；选择居家休闲的有969人次，约占受访城镇居民总人次的8.89%。

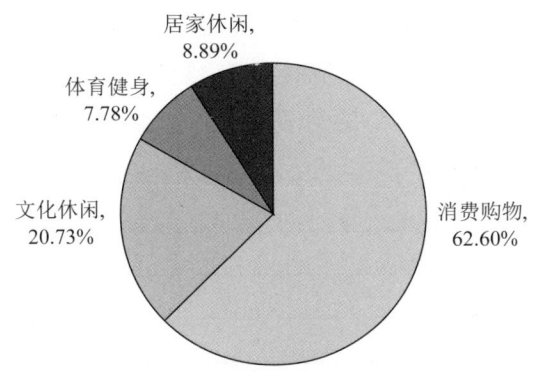

图 3-7　2021 年城镇居民节假日休闲活动

节假日，选择文化类休闲活动的 2260 人次中，选择电影院的约占 24.11%，选择戏剧院、歌剧院、音乐厅的约占 18.54%，选择博物馆、展览馆、名人故居等的约占 24.03%，选择实地观看文艺演出、体育比赛等的约占 12.35%，选择书店、图书馆的约占 9.73%，选择学习科学文化知识的约占 6.77%，选择书法、绘画、集邮等活动的约占 4.47%（见图 3-8）。

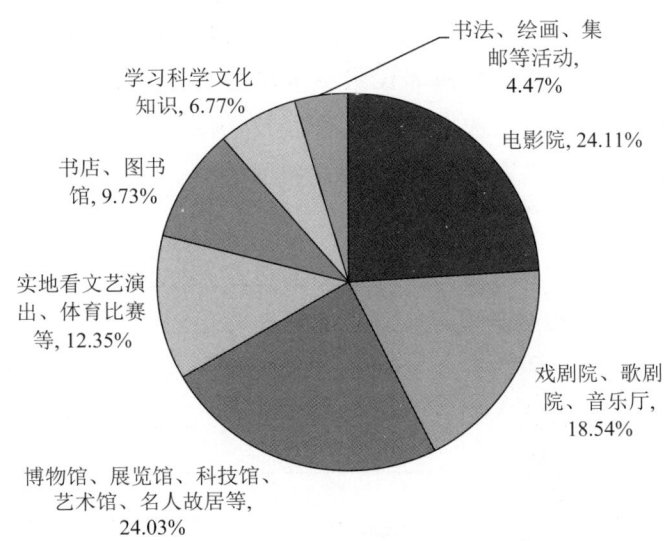

图 3-8　2021 年城镇居民节假日文化类休闲活动内容分配

图 3-9 是 2019 年和 2021 年城镇居民节假日休闲内容分配。从调查结果来看，节假日选择消费购物类休闲活动的人数占比在 2019 年高达 60.14%，并于

2021年进一步增长至62.61%；而选择文化休闲的人数在2019年占比16.92%，在2021年又小幅上升至20.73%；选择体育健身与居家休闲的人数占比呈小幅递减趋势。可见，在时间较为充足的节假日，选择消费购物类休闲活动的城镇居民较多，2021年较2019年整体变化不大。

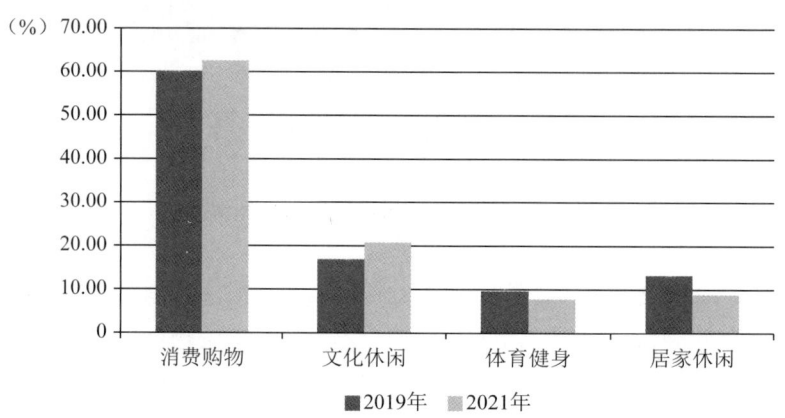

图3-9　2019年和2021年城镇居民节假日休闲内容分配

由图3-10可知，在周末和节假日，人们的休闲选择差异不大。2021年，消费购物类休闲活动仍然是城镇居民最主要的休闲活动，选择文化类休闲活动的居民比例呈现小幅增长，选择体育健身以及居家休闲的居民比例呈现小幅度递减趋势。可见，在时间较为充裕的周末和节假日，人们更倾向于选择消费购物。

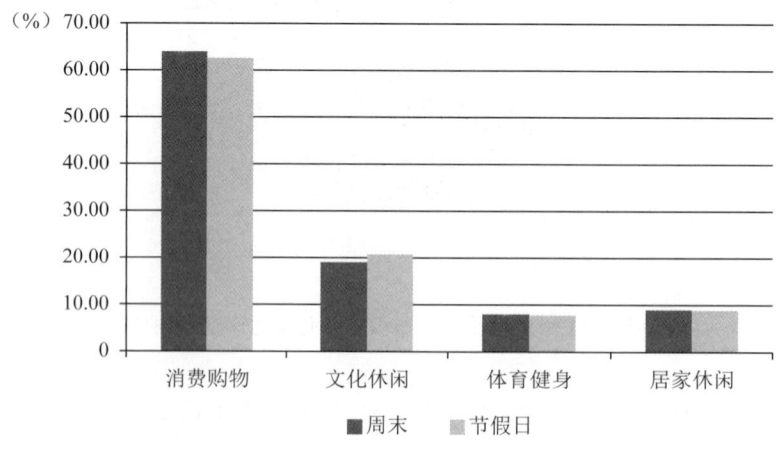

图3-10　2021年城镇居民不同时间段的休闲活动选择

（二）农村居民消费购物类休闲活动比重攀升，文化类休闲活动比重下降

此次调查的农村居民休闲内容分配情况是：选择消费购物类休闲活动（外出就餐、实地购物、美容、美发、美甲、洗浴、按摩、足疗、咖啡厅、茶馆、酒吧、KTV、唱歌、游乐游艺、DIY手工坊等）的有800人次，约占受访农村居民总人次的58.18%；选择文化类休闲活动（电影院、戏剧院、歌剧院、音乐厅、博物馆、展览馆、名人故居、实地看文艺演出、体育比赛、书店、图书馆、学习科学文化知识、书法绘画集邮等活动）的有224人次，约占受访农村居民总人次的16.29%；选择体育健身（包括去健身中心、舞蹈瑜伽、球类运动、游泳、跑步、骑自行车、散步遛弯、唱歌跳舞、广播操、传统体育锻炼活动等）的有156人次，约占受访农村居民总人次的11.35%；选择居家休闲活动（包括家庭内聊天、亲戚串门、看电视、玩游戏、玩手机、玩pad、上互联网、打牌、打麻将、无事休闲、养花草和宠物、汽车维修保养、室内装修装饰等活动）的有196人次，约占受访农村居民总人次的14.18%（见图3-11）。

选择文化类休闲活动的224人次中，选择电影院的约占20.57%，选择戏剧院、歌剧院、音乐厅的约占20.53%，选择博物馆、展览馆、名人故居等的约占24.56%，选择实地观看文艺演出、体育比赛等的约占13.81%，选择书店、图书馆的约占8.50%，选择学习科学文化知识的约占7.63%，选择书法、绘画、集邮等活动的约占4.40%（见图3-12）。

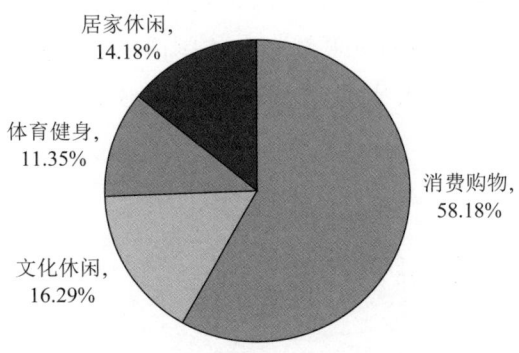

图3-11　2021年农村居民休闲内容分配

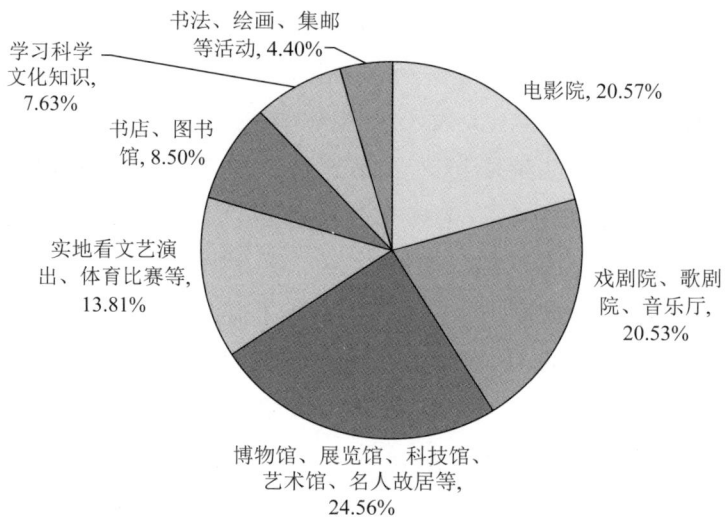

图 3-12　2021 年农村居民文化类休闲活动内容分配

（三）消费购物类休闲活动成为退休人员休闲活动的主要内容，且比重持续攀升

随着我国社会老龄化的加快，退休人员比例增大，成为我国休闲内容特征分析的一个重要群体，因此这里单独列出。

图 3-13 是 2021 年退休人员休闲内容分配情况，此次接受调查的退休人员中，选择消费购物类休闲活动的人数最多，为 344 人次，约占受访退休人员总人次的 59.31%；其次为文化类休闲活动，达 99 人次，约占受访退休人员总人次的 17.07%；选择居家休闲和体育健身类休闲活动的人数较少，分别为 73、64 人次，约占受访退休人员总人次的 12.59% 和 11.03%。

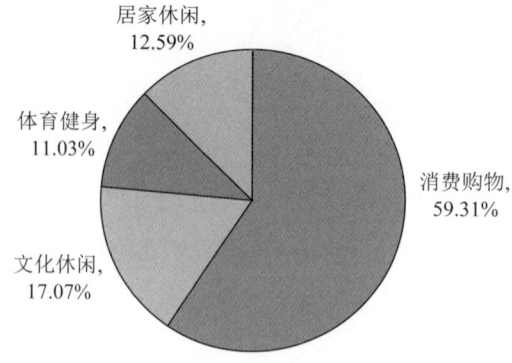

图 3-13　2021 年退休人员休闲内容分配

选择文化类休闲活动的 99 人次中，选择电影院的约占 21.22%，选择戏剧院、歌剧院、音乐厅的约占 14.14%，选择博物馆、展览馆、名人故居等的约占 23.23%，选择实地观看文艺演出、体育比赛等的约占 10.10%，选择书店、图书馆的约占 8.08%，选择学习科学文化知识的约占 11.11%，选择书法、绘画、集邮等活动的约占 12.12%（见图 3-14）。

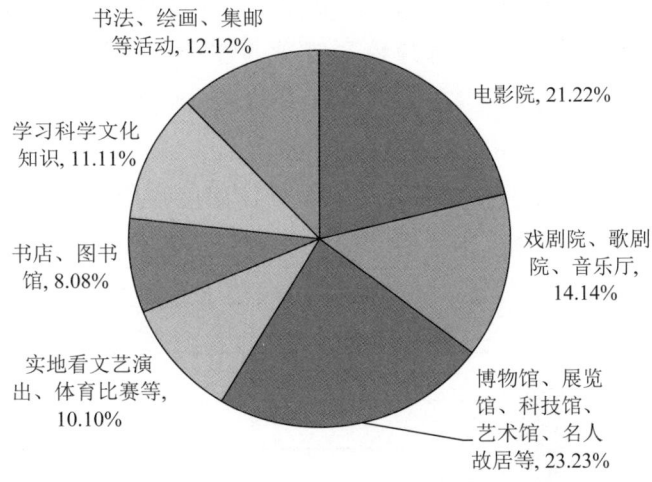

图 3-14　2021 年退休人员文化类休闲活动内容分配

与 2019 年相比，退休人员休闲内容变化较大。消费购物类休闲活动成为退休人员的主要休闲活动，且呈现较为明显的增长态势；体育健身、居家休闲比重持续缩减；文化类休闲活动同 2019 年相比较为稳定。整体来看，2021 年退休人员的休闲活动分配较不均匀，消费购物占比过半（见图 3-15）。

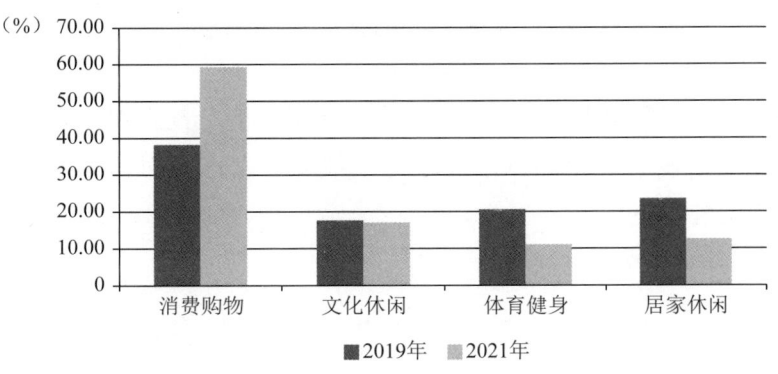

图 3-15　2019 年和 2021 年退休人员休闲内容分配

二、不同属性人群休闲内容特征

(一) 不同属性城镇居民休闲内容特征
1. 不同性别人群

男性城镇居民选择消费购物、文化休闲活动的比重大于女性,而选择体育健身和居家休闲活动的比重低于女性。随着闲暇时间增多,选择消费购物与居家休闲的性别差异有所收窄,选择体育健身的性别差异基本保持不变,而选择文化休闲的性别差异有所扩大:工作日,男性文化休闲占比高于女性 0.81 个百分点;节假日,男性占比高于女性 1.13 个百分点。

图 3-16 显示了不同性别城镇居民工作日休闲内容分配情况,男性居民在工作日进行消费购物、文化类休闲活动的比重高于女性,而女性居民进行体育健身的比重高于男性,居家休闲所占的比重也超过了男性。

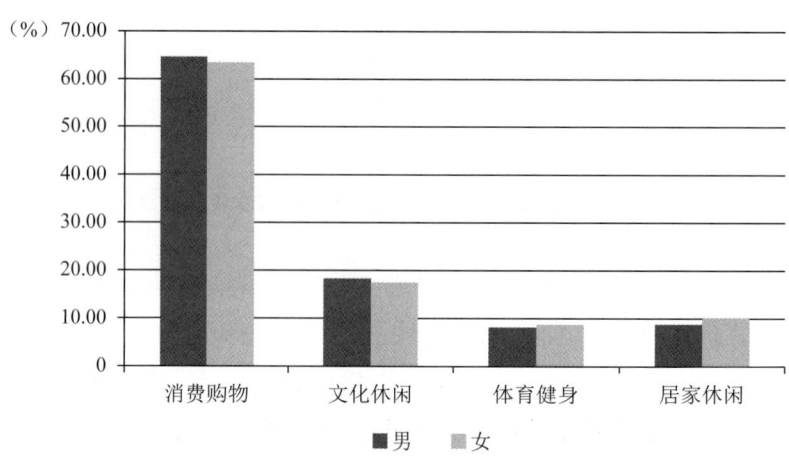

图 3-16　2021 年不同性别城镇居民工作日休闲内容分配

图 3-17 显示了不同性别城镇居民周末休闲内容分配情况,可以看出男性居民在选择消费购物、文化类休闲活动比重都高于女性,而体育健身和居家休闲方面略低于女性。

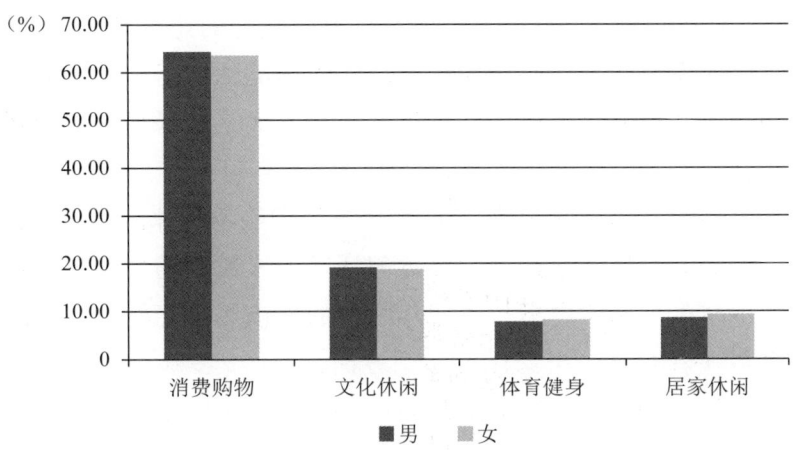

图 3-17 2021 年不同性别城镇居民周末休闲内容分配

图 3-18 显示了不同性别城镇居民节假日休闲内容分配情况，在时间充足的节假日，男性居民选择文化类休闲活动的比重略高于女性。而女性在体育健身以及居家休闲等方面略超男性，两者在选择消费购物类休闲活动方面差异不大。

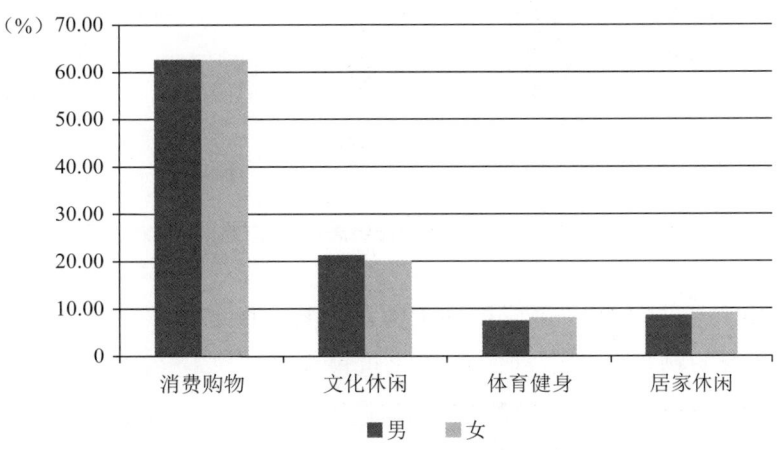

图 3-18 2021 年不同性别城镇居民节假日休闲内容分配

由上分析可知，不同性别的城镇居民在工作日和周末的休闲内容均以消费购物类休闲活动为主。整体来看，女性与男性对于休闲种类有着不同的选择特性。不论在工作日、周末或者节假日，在消费购物类休闲活动和文化类休闲活动方面，男性选择的比重略大于女性，这种差异的出现反映了男性和女性休闲偏好的不同。在体育健身与休闲活动方面,女性选择的比重略大于男性。

2. 不同年龄段人群:不同年龄段,消费购物类休闲活动均最受欢迎;且随着年龄的增长,选择文化休闲活动的比重变化不大,选择居家休闲活动的比重波动下降

从图3-19可知,不同年龄城镇居民选择消费购物类休闲活动的比重仍是最大的。随着年龄的增长,选择文化类休闲活动的人数也随之增加,选择居家休闲的人数逐步减少。相比之下,不同年龄段的城镇居民工作日在单一休闲内容选择方面又存在着差异:居家休闲活动方面,15~29岁城镇居民占比最高;文化类休闲活动和消费购物类休闲活动方面,60岁及以上城镇居民占比最高。

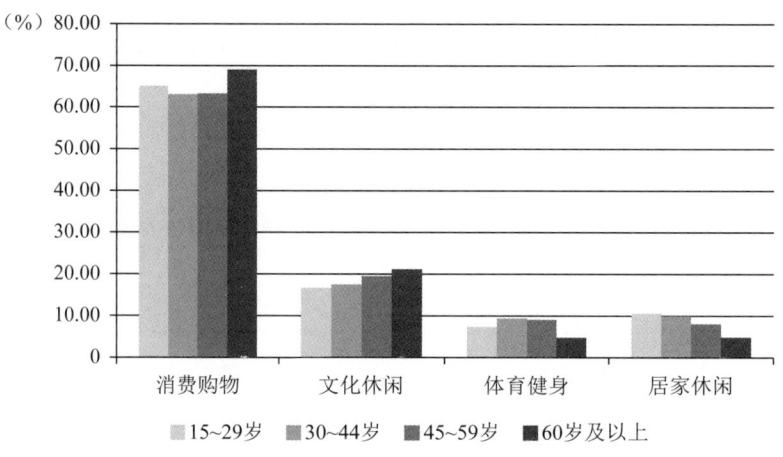

图3-19 2021年不同年龄城镇居民工作日休闲内容分配

图3-20是不同年龄城镇居民周末休闲内容分配情况,总体来看,不同年龄人群对于消费购物类休闲活动的选择比重最大,对文化类休闲活动、体育健身类休闲活动的选择比重分布较均匀。具体来看,60岁及以上人群选择消费购物类休闲活动的比重明显高于其他年龄群体,且老年人选择居家休闲的比例最低;45~59岁年龄段的城镇居民选择文化休闲和体育健身类休闲活动的比重最大。

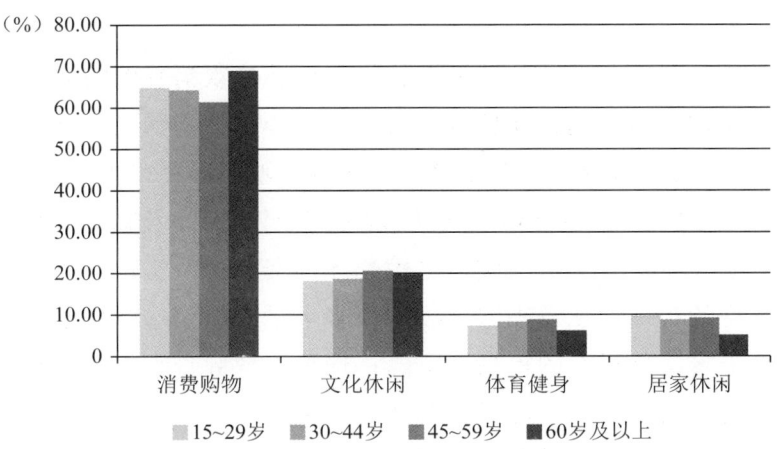

图 3-20　2021 年不同年龄城镇居民周末休闲内容分配

图 3-21 是不同年龄城镇居民节假日休闲内容分配情况，从总体来看消费购物类休闲活动的比重超过文化类休闲活动、体育健身以及居家休闲活动的比重之和。60 岁及以上老年人在节假日选择消费购物类休闲活动的比重偏大，选择体育健身以及居家休闲活动的比重偏低。

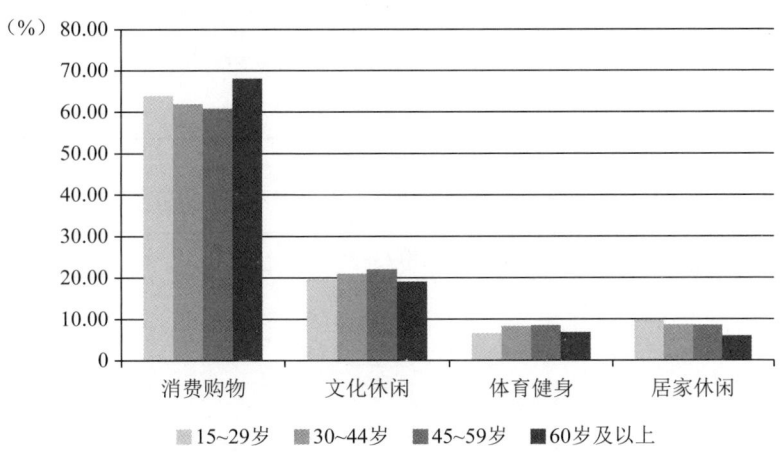

图 3-21　2021 年不同年龄城镇居民节假日休闲内容分配

由以上数据可知，不同年龄段城镇居民工作日、周末及节假日主要以消费购物类休闲活动为主。总体来看，选择居家休闲活动的人群随着年龄的减少，比重不断下降；文化类休闲活动则随人群年龄的增长变化不大，但受 45~59 岁人群偏爱。

3. 不同学历人群：小学及以下学历的人群最喜欢消费购物类休闲活动，对文化类休闲活动不感兴趣，随着学历的上升，选择消费购物、文化休闲、体育健身类休闲活动的波动不大，但选择居家休闲的城镇居民比例不断下降

表3-1、表3-2显示了不同学历城镇居民工作日和周末休闲内容分配情况。在工作日，初中及以上学历的城镇居民选择消费购物、文化类休闲活动的比重随着文化程度的提高呈现较小起伏波动，基本平稳，而选择居家休闲类活动的比重基本上随着文化程度的提高而下降；选择体育健身类休闲活动的比重随文化程度提高有较明显的增长趋势。其中，小学及以下学历的人群最喜欢消费购物类休闲活动，工作日、周末与节假日的占比均超过85%，但其对文化类休闲活动不感兴趣。

表3-1 2021年不同学历城镇居民工作日休闲内容分配

工作日休闲	小学及以下	初中	高中/中专/技校	大学专科	大学本科	硕士及以上
消费购物	86.36%	63.26%	64.99%	66.00%	62.38%	65.94%
文化休闲	0.00%	19.70%	18.09%	16.62%	18.71%	17.30%
体育健身	4.55%	7.95%	8.11%	7.50%	9.08%	9.84%
居家休闲	9.09%	9.09%	8.81%	9.88%	9.83%	6.92%

表3-2 2021年不同学历城镇居民周末休闲内容分配

	小学及以下	初中	高中/中专/技校	大学专科	大学本科	硕士及以上
消费购物	90.91%	59.92%	65.77%	65.73%	62.40%	64.17%
文化休闲	0.00%	18.70%	17.85%	17.89%	20.04%	19.93%
体育健身	9.09%	10.31%	7.31%	7.73%	8.27%	8.23%
居家休闲	0.00%	11.07%	9.07%	8.65%	9.29%	7.67%

表3-3是不同学历城镇居民节假日休闲内容分配比重。在休闲时间最为充裕的节假日，不同学历城镇居民进行的休闲内容与工作日和周末有一定差异。从总体来看，不同学历城镇居民在节假日选择文化休闲类活动的比重大于周末与工作日。选择居家休闲的居民随文化程度提高而减少。城镇居民对于消费购

物类休闲活动、文化类休闲活动以及体育健身的选择不太受文化程度高低的影响。

表3-3　2021年不同学历城镇居民节假日休闲内容分配

	小学及以下	初中	高中/中专/技校	大学专科	大学本科	硕士及以上
消费购物	90.91%	62.60%	63.75%	64.07%	61.24%	62.57%
文化休闲	9.09%	20.99%	18.63%	20.10%	21.80%	21.28%
体育健身	0.00%	6.87%	8.34%	7.31%	7.99%	7.52%
居家休闲	0.00%	9.54%	9.28%	8.52%	8.97%	8.63%

由上可知，在节假日和周末，随着文化程度的提高，城镇居民选择居家休闲活动的比重呈现下降趋势。除小学及以下学历的人群偏爱消费购物外，受教育程度对城镇居民消费购物、文化休闲以及体育健身等选择偏好的影响不大。总体来看，在不同时间段内，消费购物类休闲活动占比最大，是城镇居民休闲的首要选择，文化类休闲活动居其次。

4. 不同家庭规模人群：随着家庭规模的增大，选择体育健身、文化休闲的城镇居民占比呈现上涨趋势，选择居家休闲的城镇居民比重呈现先下降后升高趋势，选择消费购物类休闲活动的城镇居民占比呈现下降趋势

表3-4反映了不同家庭规模的城镇居民工作日休闲内容分配情况。从表中可以看到，1人家庭更容易选择消费购物与居家休闲，5人及以上规模的家庭多会进行文化类休闲活动以及消费购物。家庭规模对城镇居民休闲活动的选择影响较大。

表3-4　2021年不同家庭规模城镇居民工作日休闲内容分配

	1人	2人	3人	4人	5人及以上
消费购物	66.99%	65.35%	64.07%	62.62%	63.25%
文化休闲	15.36%	17.35%	18.19%	18.04%	18.38%
体育健身	6.72%	7.53%	8.56%	9.15%	9.32%
居家休闲	10.93%	9.77%	9.18%	10.19%	9.05%

表3-5反映了不同家庭规模的城镇居民周末休闲内容分配情况。整体来看，

五种家庭规模都倾向于选择消费购物类休闲活动。除文化休闲和消费购物类活动以外，2人家庭偏好居家休闲，5人及以上规模家庭偏好体育健身。节假日的整体情况与周末基本一致。

表 3-5　2021 年不同家庭规模城镇居民周末休闲内容分配

	1人	2人	3人	4人	5人及以上
消费购物	64.45%	65.90%	64.56%	61.24%	61.57%
文化休闲	15.40%	17.50%	19.12%	20.73%	19.55%
体育健身	6.46%	6.92%	7.91%	8.97%	10.11%
居家休闲	13.69%	9.68%	8.41%	9.06%	8.77%

表 3-6　2021 年不同家庭规模城镇居民节假日休闲内容分配

	1人	2人	3人	4人	5人及以上
消费购物	66.28%	65.47%	61.83%	61.73%	61.52%
文化休闲	15.89%	18.15%	21.85%	21.58%	19.38%
体育健身	4.65%	6.83%	7.59%	8.96%	10.43%
居家休闲	13.18%	9.55%	8.73%	7.73%	8.67%

由上分析可知，消费购物类休闲活动是所有家庭规模休闲内容的主要选择。同时，随着家庭规模的增大，居家休闲的比重呈现先递减后递增的趋势，这说明居家休闲一定程度上受家庭规模大小的影响。而随着家庭规模的增大，选择体育健身、文化休闲的城镇居民比重呈现上涨趋势。

5. 不同收入情况人群：随着收入的增加，选择消费购物类休闲活动的城镇居民比重呈现出波动，选择居家休闲的居民比重呈现波动下降趋势

随着我国经济社会的不断发展，休闲活动在人们生活中的消费比重越来越大，不同种类的休闲活动所需要支付的费用也各不相同，所以收入水平的差别影响着人们的休闲选择，不同收入水平的人会有不同的休闲活动需求。

由表 3-7 可知，消费购物类休闲活动的比重随收入的增加呈现减少的趋势，低收入群体所占比重最多，这是表明低收入人群反而更加偏好消费购物类休闲活动。文化类休闲活动和体育健身的比重随收入的增加不断波动,但整体呈现上升趋势。居家休闲活动的比重随城镇居民收入的增多呈现波动下降态势。

表 3-7 2021 年不同月收入城镇居民工作日休闲内容分配

	1000 元以下（包含1000 元）	1001~2000 元	2001~3000 元	3001~4000 元	4001~5000 元	5001~7000 元	7001~10 000 元	10 001 元以上
消费购物	69.32%	59.95%	68.51%	68.62%	65.44%	63.88%	60.38%	60.07%
文化休闲	9.09%	18.01%	16.06%	16.54%	16.74%	19.32%	20.30%	17.83%
体育健身	6.82%	10.48%	5.46%	6.58%	7.31%	8.49%	9.50%	12.12%
居家休闲	14.77%	11.56%	9.97%	8.26%	10.51%	8.31%	9.82%	9.98%

由表 3-8 可知,在周末,随着收入的增加,选择消费购物类休闲活动的城镇居民比重呈现出先增加后减少的波动趋势,1001~2000 元收入水平的人群最偏爱消费购物。文化类休闲活动、体育健身与居家休闲活动同工作日情况趋同。

表 3-8 2021 年不同月收入城镇居民周末休闲内容分配

	1000 元以下（包含1000 元）	1001~2000 元	2001~3000 元	3001~4000 元	4001~5000 元	5001~7000 元	7001~10 000 元	10 001 元以上
消费购物	63.64%	67.74%	67.06%	66.20%	64.97%	65.14%	60.74%	60.24%
文化休闲	15.91%	13.98%	17.21%	18.49%	18.07%	18.46%	21.58%	20.69%
体育健身	6.82%	6.99%	6.23%	6.42%	7.31%	7.93%	9.96%	9.75%
居家休闲	13.63%	11.29%	9.50%	8.89%	9.65%	8.47%	7.72%	9.32%

表 3-9 显示了不同月收入城镇居民节假日休闲内容分配情况。在节假日,不同月收入居民对于休闲内容的选择差异性比工作日和周末更明显,城镇居民选择文化类休闲活动的比重均有所增加。对于消费购物类休闲活动,月收入在 1001~4000 元的居民占比最高;对于文化休闲活动,月收入在 7000 元及以上的居民占比最高;选择体育健身的比重随收入的增高呈波动上升趋势。

表 3-9　2021 年不同收入城镇居民节假日休闲内容分配

	1000元以下（包含1000元）	1001~2000元	2001~3000元	3001~4000元	4001~5000元	5001~7000元	7001~10 000元	10 001元以上
消费购物	62.07%	65.28%	65.64%	65.70%	64.17%	62.69%	60.06%	57.97%
文化休闲	19.54%	15.28%	19.35%	20.03%	20.18%	20.12%	23.23%	22.31%
体育健身	6.90%	8.81%	6.71%	6.11%	5.97%	8.42%	8.75%	9.97%
居家休闲	11.49%	10.63%	8.30%	8.16%	9.68%	8.77%	7.96%	9.75%

由上分析可知，不同收入水平的城镇居民在选择休闲内容上存在差异。总体来看，中间收入群体是各类休闲活动的主体。收入水平对低收入城镇居民休闲内容的选择影响相对较大，而对于高收入群体，休闲时间的长短相对更能影响他们对于休闲内容的选择。在周末和节假日选择文化类休闲活动的居民比例大幅提升。

（二）不同属性农村居民休闲内容特征

农村居民的休闲活动选择中，消费购物类休闲活动占绝大部分比重，已经成为日常休闲活动的主要选择。以下针对不同属性农村居民的休闲活动进行分析。

1. 不同性别人群

由图 3-22 可知，男性和女性农村居民在选择消费购物类休闲活动、体育健身休闲活动以及居家休闲活动方面存在一定差异，其中，女性居民选择文化类休闲活动和体育健身类休闲活动的比重略大于男性，而选择消费购物与居家休闲活动的比重则低于男性。

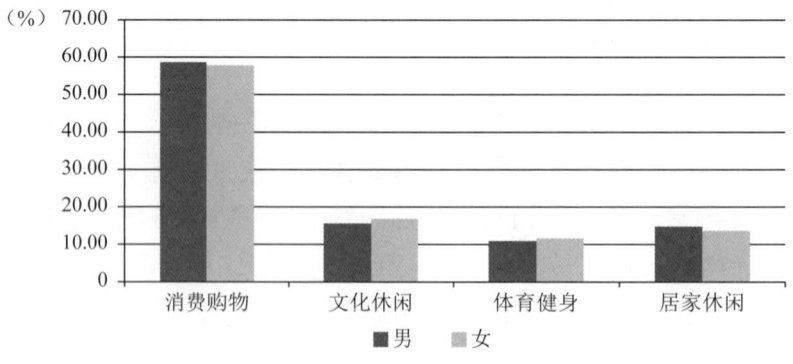

图 3-22　2021 年不同性别农村居民休闲内容分配

2. 不同年龄段人群：随着年龄的增大，选择居家休闲的人群比重呈现递增趋势

由图3-23可知，随着年龄的增大，选择消费购物的人群比重呈现递减趋势，选择居家休闲活动的人群比重呈现上升趋势，选择文化类休闲的人群比重出现不稳定波动，选择体育健身的人群比重先增加后减少。其中，从单一的休闲活动来看，60岁及以上人群选择居家休闲活动的比重最大，45~59岁人群选择体育健身的比重最大。消费购物类休闲活动，15~29岁人群占比最高，文化类休闲活动的选择则以30~44岁人群和60岁及以上人群为主。

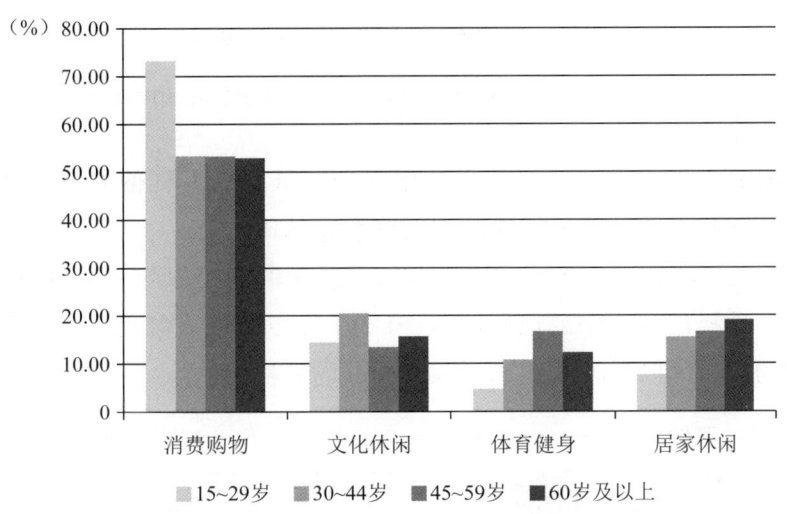

图3-23　2021年不同年龄农村居民休闲内容分配

3. 不同家庭规模人群：随着家庭规模的增大，农村居民选择消费购物类休闲活动的比重波动下降，选择居家休闲的比重呈现递增趋势

由图3-24可知，不同家庭规模的人群在选择休闲活动时具有较大的差异。随着家庭规模的增大，选择消费购物类休闲活动的农村居民整体呈现下降趋势，选择居家休闲的人群比重则呈现递增趋势。文化休闲类活动的选择以2人和4人家庭为主，居家类休闲活动则以5人及以上的家庭为主。体育健身类与居家类休闲活动，1人和2人家庭选择的占比偏小。

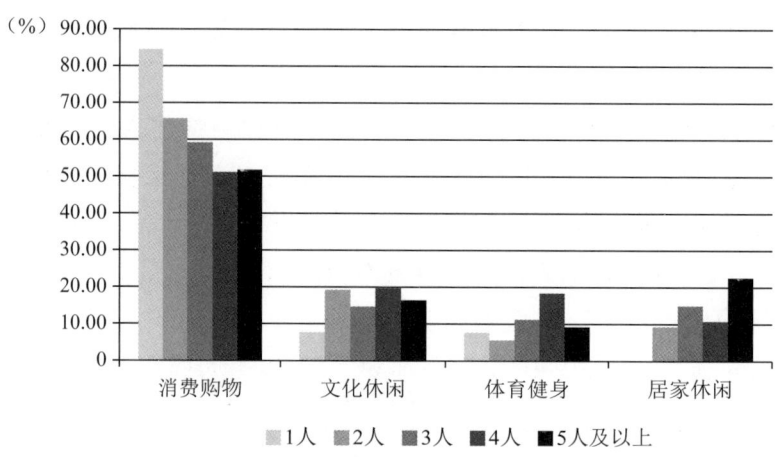

图 3-24　2021 年不同家庭规模农村居民农忙时休闲内容分配

4. 不同收入情况人群：对单一休闲活动，低收入人群偏好选择体育健身类休闲活动，高收入人群的休闲活动则偏好居家休闲

由图 3-25 可知，选择体育健身类休闲活动的居民以年收入 5000 元以下的人群为主，选择居家休闲的以年收入 30 001 元以上的人群为主；选择消费购物类休闲活动的居民以年收入在 5001~15 000 的人群为主。

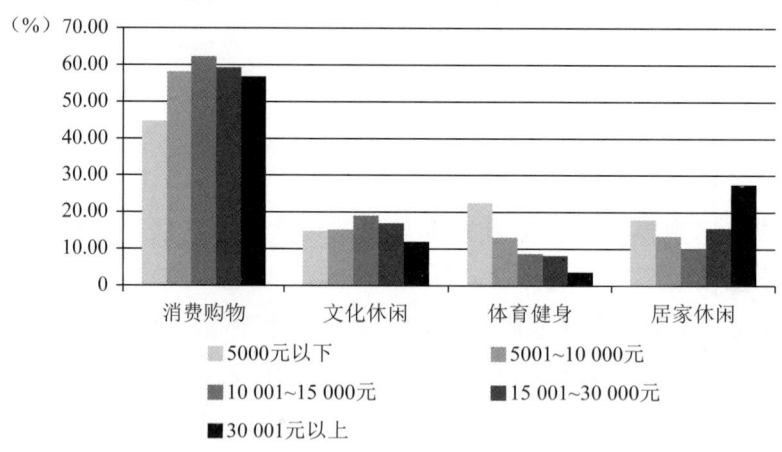

图 3-25　2021 年不同年收入农村居民休闲内容分配

（三）不同属性退休人员休闲内容特征

1. 不同性别人群：男性主要选择消费购物休闲活动，女性主要选择居家休闲活动、体育健身以及文化类休闲活动

由图 3-26 可知，对于单一休闲活动，男性退休居民偏好消费购物和文化休闲，女性退休居民偏好体育健身。

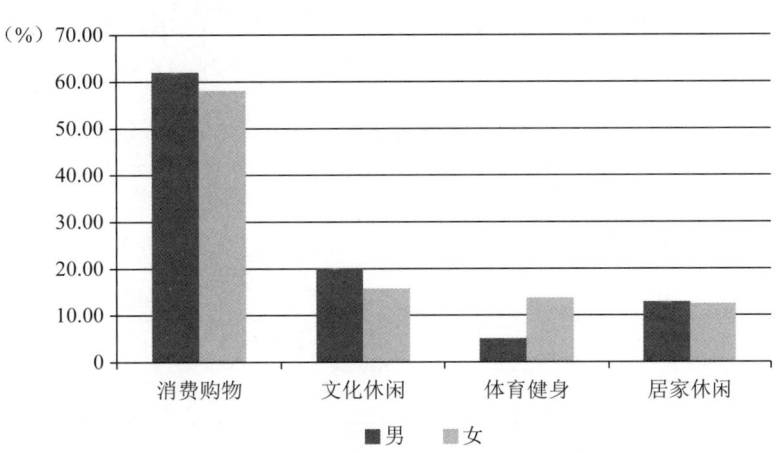

图 3-26　2021 年不同性别退休人员休闲内容分配

2. 不同学历人群：对于一休闲活动，低学历人群主要选择居家休闲，选择消费购物类休闲活动的比重随学历增长呈现波动下降趋势

由表 3-10 可知，对于消费购物类休闲活动，小学及以下人群占比最高，为 71.43%；对于文化休闲活动，大专及以上人群占比较高，尤其是硕士及以上退休人员占比达 27.78%；对于体育健身类休闲活动和居家休闲，初中文化水平的退休人员占比最高，分别为 21.57% 和 29.41%。

表 3-10　2021 年不同学历退休人员休闲内容分配

	小学及以下	初中	高中/中专/技校	大学专科	大学本科	硕士及以上
消费购物	71.43%	39.22%	62.81%	55.75%	67.05%	61.11%
文化休闲	14.29%	9.80%	11.98%	23.56%	20.45%	27.78%
体育健身	14.28%	21.57%	12.81%	9.20%	4.55%	5.56%
居家休闲	0.00%	29.41%	12.40%	11.49%	7.95%	5.55%

3. 不同家庭规模人群：除消费购物休闲活动（各类家庭规模退休人员的主要选择）以外，随着家庭规模的增大，选择居家休闲的退休人员比重呈现波动下降趋势，选择体育健身的退休人员比重呈现波动上升趋势

由表3-11可知，对于消费购物类休闲活动，2人家庭规模退休人员占比最高，为67.01%；对于文化休闲活动，4人家庭退休人员占比最高，为24.11%；对于体育健身类休闲活动，5人及以上家庭退休人员占比最高，为17.39%；对于居家休闲活动1人和3人家庭规模退休人员占比均为16.00%。

表3-11　2021年不同家庭规模退休人员休闲内容分配

	1人	2人	3人	4人	5人及以上
消费购物	56.00%	67.01%	59.56%	55.32%	57.61%
文化休闲	16.00%	11.34%	16.00%	24.11%	15.22%
体育健身	12.00%	12.37%	8.44%	9.93%	17.39%
居家休闲	16.00%	9.28%	16.00%	10.64%	9.78%

4. 不同收入情况人群：除消费购物活动是各级收入人群的基础选择以外，低收入退休人员倾向于选择居家休闲，高收入人群则倾向于选择文化休闲

消费购物是各级收入人群的基础选择。由表3-12可知，除消费购物以外，月收入2000元以下退休人员选择体育健身的比重偏大，7001元以上人群更喜欢选择文化休闲活动、进行体育健身，10 001元以上退休人员倾向于选择文化休闲和居家休闲。

表3-12　2021年不同月收入情况退休人员休闲内容分配

	1000元以下（包含1000元）	1001~2000元	2001~3000元	3001~4000元	4001~5000元	5001~7000元	7001~10 000元	10 001元以上
消费购物	68.42%	33.33%	61.43%	70.91%	66.09%	46.00%	40.00%	65.22%
文化休闲	5.26%	0.00%	15.71%	9.70%	17.39%	21.00%	37.14%	17.39%
体育健身	0.00%	46.67%	12.86%	7.88%	7.83%	13.00%	17.14%	0.00%
居家休闲	26.32%	20.00%	10.00%	11.51%	8.69%	20.00%	5.72%	17.39%

第四章 国民休闲行为区域差异

一、样本城市休闲活跃度排名

根据受访者对10个样本城市休闲活跃程度的认知，得出广州、成都、上海是休闲活跃程度较高的城市；西安、长沙、杭州、南京、武汉构成了休闲活跃程度居中的第二梯队；而北京与沈阳的休闲活跃度较低（见图4-1）。

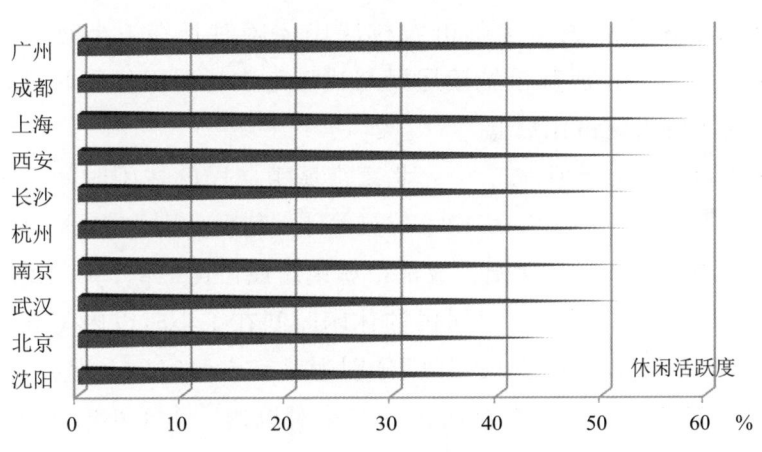

图4-1 样本城市休闲活跃度排名

二、不同城市居民休闲时间对比

（一）不同时间段休闲时长对比

城镇居民在休闲时间方面的区域差异小于农村居民。总体上，西安城镇居民休闲时间最长，工作日、周末和节假日休闲时间均排名第一；广州、长沙、西安等市农村居民休闲时间较长；杭州退休人员休闲时间最长；北京城镇居民休闲时间最短（见图4-2）。

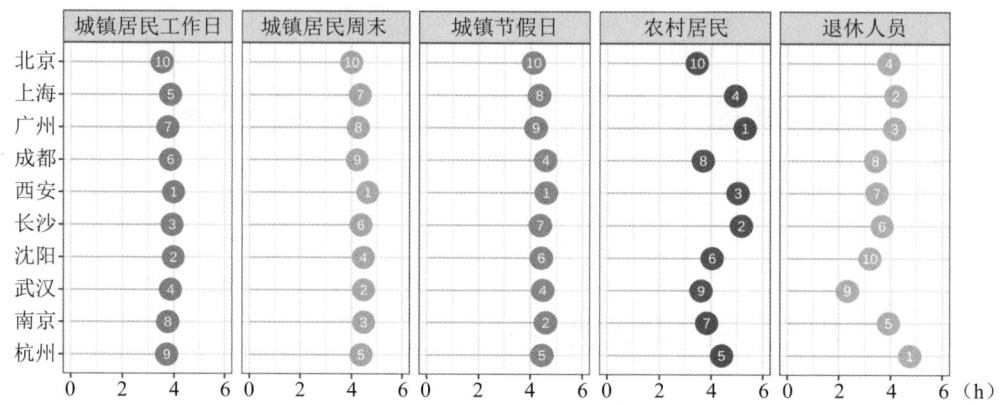

图4-2 不同城市居民休闲时间对比

（二）各城市不同时长休闲时间人数占比分析

（1）北京市城镇居民与沈阳市农村居民休闲时长在1小时以内（含1小时）的人数占比最高，成都市城镇居民与武汉市农村居民休闲时长在1小时以内（含1小时）的人数占比最低。

从表4-1可知，在十座城市中，北京市城镇居民的休闲时间在1小时以内（含1小时）的占比最高，以16.42%位列第1，其后分别为杭州、广州、西安、长沙、上海、南京、武汉与沈阳，成都市城镇居民占比最低，以12.29%位列第10。在十座城市中，沈阳市农村居民的休闲时间在1小时以内（含1小时）的占比最高，以36.35%位列第1，其后分别为北京、西安、上海、长沙、成都、广州、杭州、南京，武汉市农村居民在1小时以内（含1小时）的占比最低，以6.53%位列第10。

表4-1 不同城市居民不同时间段休闲时长在1小时以内（含1小时）的人数占比

城市	城镇居民		农村居民	
	比重	排名	比重	排名
北京	16.42%	1	29.69%	2
上海	14.12%	6	17.69%	4
广州	15.31%	3	14.94%	7

续表

城市	城镇居民		农村居民	
	比重	排名	比重	排名
成都	12.29%	10	14.98%	6
西安	14.91%	4	19.02%	3
长沙	14.82%	5	17.52%	5
沈阳	12.60%	9	36.35%	1
武汉	13.18%	8	6.53%	10
南京	14.12%	7	11.43%	9
杭州	15.85%	2	13.04%	8

（2）长沙市城镇居民与南京市农村居民休闲时长在1~4小时（含4小时）的人数占比最高，广州市城镇居民与沈阳市农村居民在1~4小时（含4小时）的人数占比最低。

从表4-2可知，除广州市、沈阳市、北京市外，其他七个城市的城镇居民在休闲时长在1~4小时（含4小时）的人数占比均超过70%，其中长沙以73.50%位列第一，其后分别为上海、成都、武汉、南京、西安、杭州、北京、沈阳，广州市城镇居民占比最低，以67.77%位列第10。除北京与沈阳外，其他八个城市的农村居民在休闲时长在1~4小时（含4小时）的人数占比均超过60%，南京市农村居民以占比77.14%位列第1，其后分别为广州、成都、武汉、杭州、长沙、西安与上海，北京市与沈阳市分别以占比57.80%与54.02%，位列第9与第10。

表4-2 不同城市居民不同时间段休闲时长在1~4小时（含4小时）的人数占比

城市	城镇居民		农村居民	
	比重	排名	比重	排名
北京	69.82%	8	57.80%	9
上海	72.58%	2	63.54%	8
广州	67.77%	10	76.36%	2
成都	72.32%	3	73.49%	3

续表

城市	城镇居民		农村居民	
	比重	排名	比重	排名
西安	71.11%	6	64.63%	7
长沙	73.50%	1	67.16%	6
沈阳	69.40%	9	54.02%	10
武汉	72.21%	4	73.09%	4
南京	71.59%	5	77.14%	1
杭州	70.46%	7	72.83%	5

（3）沈阳城镇居民与武汉市农村居民休闲时长在4~8小时（含8小时）的人数占比最高，长沙市城镇居民与广州市农村居民休闲时长在4~8小时（含8小时）的人数占比最低。

从表4-3可知，十个城市城镇居民休闲时长在4~8小时（含8小时）的人数占比差距不大，其中沈阳市城镇居民以占比17.55%位列第1，其后分别为广州、成都、武汉、南京、西安、杭州、北京与上海，长沙市城镇居民休闲时长4~8小时（含8小时）的人数最少，以占比11.49%位列第10。十个城市农村居民休闲时长在4~8小时（含8小时）的人数占比差距较大，武汉市占比最高为20.38%，广州市占比最低，为8.13%，两者相差12.25%。

表4-3 不同城市居民不同时间段休闲时长在4~8小时（含8小时）的人数占比

城市	城镇居民		农村居民	
	比重	排名	比重	排名
北京	13.00%	8	11.74%	6
上海	12.66%	9	18.77%	2
广州	16.56%	2	8.13%	10
成都	14.96%	3	11.53%	7
西安	13.64%	6	16.35%	3
长沙	11.49%	10	15.32%	4
沈阳	17.55%	1	9.63%	9

续表

城市	城镇居民		农村居民	
	比重	排名	比重	排名
武汉	14.54%	4	20.38%	1
南京	14.01%	5	11.43%	8
杭州	13.11%	7	14.13%	5

（4）北京市城镇居民休闲时长在8小时以上（不含8小时）的人数占比最高，武汉市城镇居民休闲时长在8小时以上（不含8小时）的人数占比最低。

从表4-4可知，十个城市城镇居民休闲时长在8小时以上（不含8小时）的人数占比均低于1.00%，其中北京市城镇居民以占比0.76%，位列第1，其后分别为上海、杭州、沈阳、成都、广州、西安、南京与长沙，武汉市城镇居民占比最低，以占比0.07%位列第10。十个城市中农村居民休闲时长在8小时以上（不含8小时）的人数占比中，北京市占比最高，为0.77%，广州市占比为0.56%，其他城市占比均为0，因此，比较农村居民休闲时长在8小时以上（不含8小时）的人数占比没有太大意义。

表4-4 不同城市居民不同时间段休闲时长在8小时以上（不含8小时）的人数占比

城市	城镇居民		农村居民	
	比重	排名	比重	排名
北京	0.76%	1	0.77%	1
上海	0.63%	2	0.00%	3
广州	0.36%	6	0.56%	2
成都	0.44%	5	0.00%	3
西安	0.35%	7	0.00%	3
长沙	0.19%	9	0.00%	3
沈阳	0.45%	4	0.00%	3
武汉	0.07%	10	0.00%	3
南京	0.28%	8	0.00%	3
杭州	0.58%	3	0.00%	3

三、不同城市居民休闲空间对比

（一）总体对比

从休闲半径来看，长沙、西安、成都3市城镇居民更喜欢在3公里范围以内进行休闲，中远距离休闲排名末三位；北京、成都、广州3市农村居民3公里以内人数占比具有绝对优势；上海、杭州、武汉3市农村居民喜欢在3~7公里空间范围内进行休闲；沈阳、长沙、上海3市农村居民7公里以上远距离休闲人数占比列居前三位（见图4-3）。

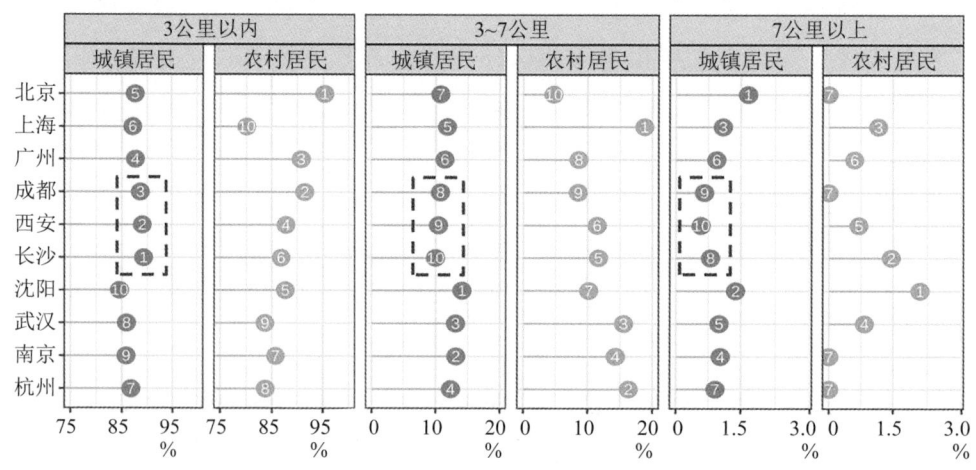

图4-3 各城市不同休闲半径人数占比及排名

（二）各城市不同休闲半径人数占比分析

（1）长沙市城镇居民与沈阳市的农村居民休闲半径在1公里以内的人数占比最高，上海市城镇居民与武汉市农村居民的休闲半径在1公里以内的人数占比最低。

从表4-5可知，十个城市中，除上海市外，城镇居民休闲半径在1公里以内（包含1公里）的人数占比均超过25.00%，其中长沙市城镇居民以占比34.69%，位列第1，其后分别南京、西安、成都、广州、杭州、北京、武汉与沈阳，上海市以占比24.96%位列第10。十个城市中，农村居民休闲半径在1公里以内（包含1公里）的人数占比差距较大，沈阳市与北京市分别以50.27%与50.06%的超高占比，位列第1与第2；其后分别为广州、西安、长沙、南京、杭州、成都与上海，而武汉市农村居民以 13.15% 的占比，位列十个城市之末。

表 4-5　不同城市居民不同时间段在 1 公里以内（包含 1 公里）的人数占比

城市	城镇居民		农村居民	
	比重	排名	比重	排名
北京	28.32%	7	50.06%	2
上海	24.96%	10	23.53%	9
广州	29.28%	5	47.47%	3
成都	30.41%	4	33.31%	8
西安	31.24%	3	43.40%	4
长沙	34.69%	1	41.60%	5
沈阳	27.12%	9	50.27%	1
武汉	27.83%	8	13.15%	10
南京	31.93%	2	41.43%	6
杭州	28.96%	6	36.96%	7

（2）上海市城镇居民与武汉市农村居民休闲半径在 1~3 公里（含 3 公里）的人数占比最高，南京市城镇居民与沈阳市农村居民休闲半径在 1~3 公里（含 3 公里）的人数占比最低。

从表 4-6 可知，十个城市中，城镇居民休闲半径在 1~3 公里（含 3 公里）的人数占比差距不大，其中上海市城镇居民以占比 62.14% 位列第 1，其后分别为北京、广州、成都、武汉、杭州、西安、沈阳与长沙，南京市以占比 53.90% 位列第 10。十个城市中，农村居民休闲半径在 1~3 公里（含 3 公里）的人数占比差距较大，武汉市以 70.48% 的超高占比位列第 1；其后分别为成都、上海、杭州、长沙、北京、西安、南京与广州，而沈阳市选择 1~3 公里（含 3 公里）范围进行休闲的农村居民人数占比仅为 37.42%，位列第 10。

表 4-6　不同城市居民不同时间段在 1~3 公里（含 3 公里）的人数占比

城市	城镇居民		农村居民	
	比重	排名	比重	排名
北京	59.27%	2	45.23%	6
上海	62.14%	1	56.51%	3
广州	58.37%	3	43.31%	9
成都	58.22%	4	58.16%	2
西安	57.76%	7	44.43%	7
长沙	54.56%	9	45.26%	5
沈阳	57.42%	8	37.42%	10
武汉	58.07%	5	70.48%	1
南京	53.90%	10	44.29%	8
杭州	57.81%	6	46.74%	4

（3）沈阳市城镇居民与上海市农村居民休闲半径在 3~7 公里的人数占比最高，长沙市城镇居民与北京市农村居民休闲半径在 3~7 公里的人数占比最低。

从表 4-7 可知，十个城市中，城镇居民休闲半径在 3~7 公里（含 7 公里）的人数占比差距不大，其中沈阳市城镇居民以占比 14.08% 位列第 1，其后分别为南京、武汉、杭州、上海、广州、北京、成都与西安，长沙市城镇居民以占比 9.96% 位列第 10。十个城市中，农村居民休闲半径在 3~7 公里（含 7 公里）的人数占比差距较大，上海市农村居民以 18.80% 的占比位列第 1；其后分别为杭州、武汉、南京、长沙、西安、沈阳、广州与成都，而北京市农村居民以 4.71% 的占比位列第 10。

表 4-7　不同城市居民不同时间段在 3~7 公里（含 7 公里）的人数占比

城市	城镇居民		农村居民	
	比重	排名	比重	排名
北京	10.74%	7	4.71%	10
上海	11.80%	5	18.80%	1
广州	11.40%	6	8.63%	8

续表

城市	城镇居民		农村居民	
	比重	排名	比重	排名
成都	10.72%	8	8.53%	9
西安	10.42%	9	11.46%	6
长沙	9.96%	10	11.68%	5
沈阳	14.08%	1	10.18%	7
武汉	13.09%	3	15.54%	3
南京	13.14%	2	14.29%	4
杭州	12.32%	4	16.30%	2

（4）北京市城镇居民与沈阳市农村居民休闲半径在7公里以上（不包含7公里）的人数占比最高，西安市城镇居民休闲半径在7公里以上（不包含7公里）的人数占比最低。

从表4-8可知，十个城市中，城镇居民休闲半径在7公里以上（不含7公里）的人数占比均较低，其中北京市城镇居民以占比1.67%位列第1，其后分别为沈阳、上海、南京、武汉、广州、杭州、长沙与成都，西安市城镇居民以占比0.58%位列第10。十个城市中，农村居民休闲半径在7公里以上（不含7公里）的人数占比差距较大，沈阳市农村居民以2.13%的占比位列第1；其后分别为长沙、上海、武汉、西安与广州，而北京市、成都市、南京市与杭州市农村居民休闲半径在7公里以上（不含7公里）的人数占比均为0。

表4-8 不同城市居民不同时间段在7公里以上（不含7公里）的人数占比

城市	城镇居民		农村居民	
	比重	排名	比重	排名
北京	1.67%	1	0	7
上海	1.09%	3	1.16%	3
广州	0.94%	6	0.60%	6
成都	0.66%	9	0	7
西安	0.58%	10	0.70%	5

续表

城市	城镇居民		农村居民	
	比重	排名	比重	排名
长沙	0.80%	8	1.46%	2
沈阳	1.38%	2	2.13%	1
武汉	1.00%	5	0.83%	4
南京	1.03%	4	0	7
杭州	0.91%	7	0	7

四、不同城市居民休闲内容对比

（一）总体对比

从休闲活动偏好来看，长沙、西安、沈阳、武汉等市城镇居民更喜欢文化休闲；上海、北京、南京、沈阳等市城镇居民更喜欢消费购物；各城市城镇居民对体育健身和居家休闲活动的偏好差异不大。沈阳、成都、上海等市农村居民更喜欢消费购物；武汉农村居民最喜欢文化休闲活动，人数占比在10个城市中具有绝对优势；广州农村居民更喜欢体育健身，北京、西安、长沙等市农村居民更喜欢居家休闲（见图4-4）。

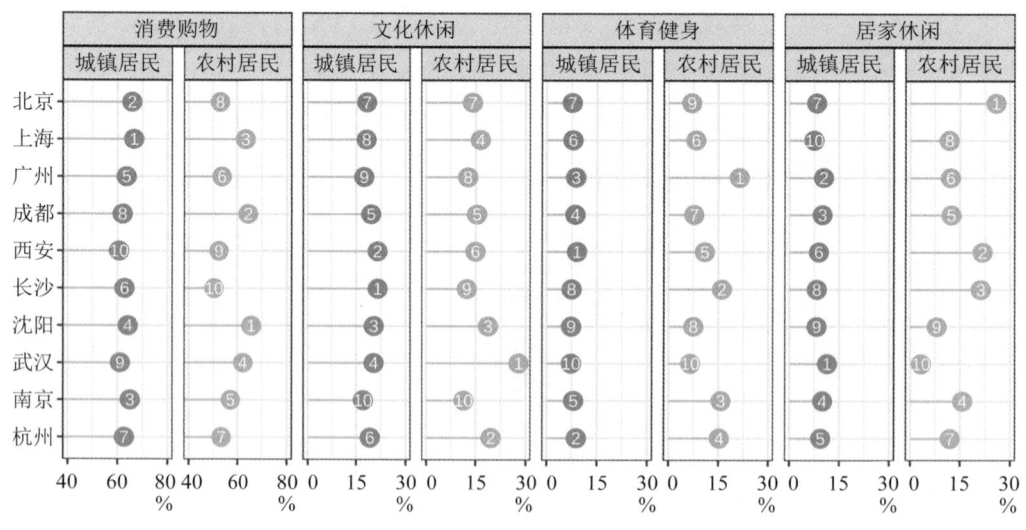

图4-4　各城市不同休闲活动人数占比及排名

（二）各城市不同休闲活动人数占比分析

（1）上海市城镇居民与沈阳市农村居民选择消费购物类休闲活动人数占比最高，西安市城镇居民与长沙市农村居民选择消费购物类休闲活动人数占比最低。

从表 4-9 可知，十个城市中，城镇居民选择消费购物类休闲活动的人数占比差距不大，其中上海市城镇居民以占比 66.57% 位列第 1，其后分别为北京、南京、沈阳、广州、长沙、杭州、成都与武汉，西安市城镇居民以占比 60.63% 位列第 10。十个城市中，农村居民选择消费购物类休闲活动的人数占比差距不大，沈阳市以 65.76% 的占比位列第 1；其后分别为成都、上海、武汉、南京、广州、杭州、北京和西安，而长沙市农村居民以 50.34% 的占比位列第 10。

表 4-9 消费购物类休闲活动不同城市居民数据特征

城市	城镇居民		农村居民	
	比重	排名	比重	排名
北京	65.84%	2	53.09%	8
上海	66.57%	1	63.48%	3
广州	63.59%	5	53.75%	6
成都	62.02%	8	64.52%	2
西安	60.63%	10	52.42%	9
长沙	62.83%	6	50.34%	10
沈阳	64.15%	4	65.76%	1
武汉	61.03%	9	62.31%	4
南京	64.99%	3	57.14%	5
杭州	62.67%	7	53.26%	7

（2）长沙市城镇居民与武汉市农村居民选择文化休闲类休闲活动的人数占比最高，南京市城镇居民与农村居民选择文化休闲类休闲活动的人数占比均最低。

从表 4-10 可知，十个城市中，城镇居民选择文化休闲类休闲活动的人数占比在 20.00% 上下浮动，其中长沙市城镇居民以占比 21.47% 位列第 1，其后分别为西安、沈阳、武汉、成都、杭州、北京、上海和广州，南京市城镇居民以占比 17.07% 位列第 10。十个城市中，农村居民选择文化休闲类休闲活动的人数占比差距较大，武汉市农村居民以 27.88% 的占比位列第 1；其后分别为杭州、沈阳、上海、成都、西安、北京、广州和长沙，而南京市农村居民以11.43%的占比位列第10。

表4-10 文化休闲类休闲活动不同城市居民数据特征

城市	城镇居民		农村居民	
	比重	排名	比重	排名
北京	18.23%	7	14.07%	7
上海	18.08%	8	16.42%	4
广州	17.34%	9	12.69%	8
成都	19.48%	5	15.39%	5
西安	21.45%	2	14.94%	6
长沙	21.47%	1	12.38%	9
沈阳	20.30%	3	18.73%	3
武汉	20.27%	4	27.88%	1
南京	17.07%	10	11.43%	10
杭州	19.15%	6	19.57%	2

（3）西安市城镇居民与广州市农村居民选择体育健身类休闲活动的人数占比最高，武汉市城镇居民与农村居民选择体育健身类休闲活动的人数占比均最低。

从表4-11可知，十个城市城镇居民选择体育健身类休闲活动的人数占比均低于10.00%，西安市城镇居民以占比9.06%位列第1，其后分别为杭州、广州、成都、南京、上海、北京、长沙和沈阳，武汉市城镇居民以占比7.32%位列第10。十个城市中，农村居民选择体育健身类休闲活动的人数占比差距较大，广州市农村居民以21.39%的占比位列第1；其后分别为长沙、南京、杭州、西安、上海、成都、沈阳和北京，而武汉市农村居民以6.53%的占比位列第10。

表4-11 体育健身类休闲活动不同城市居民数据特征

城市	城镇居民		农村居民	
	比重	排名	比重	排名
北京	7.66%	7	7.02%	9
上海	7.86%	6	8.25%	6
广州	8.72%	3	21.39%	1

续表

城市	城镇居民		农村居民	
	比重	排名	比重	排名
成都	8.52%	4	7.68%	7
西安	9.06%	1	10.90%	5
长沙	7.46%	8	16.06%	2
沈阳	7.34%	9	7.49%	8
武汉	7.32%	10	6.53%	10
南京	8.01%	5	15.71%	3
杭州	8.83%	2	15.22%	4

（4）武汉市城镇居民与北京市农村居民选择居家休闲类休闲活动的人数占比最高，上海市城镇居民与武汉市农村居民选择居家休闲类休闲活动的人数占比最低。

从表4-12可知，十个城市中，除广州市、武汉市外，城镇居民选择居家休闲类休闲活动的人数占比均低于10.00%，武汉市城镇居民以占比11.37%位列第1，其后分别为广州、成都、南京、杭州、西安、北京、长沙和沈阳，上海市城镇居民以占比7.49%位列第10。十个城市中，农村居民选择居家休闲类休闲活动的人数占比差距较大，北京市农村居民以25.82%的占比位列第1；其后分别为西安、长沙、南京、成都、广州、杭州、上海和沈阳，而武汉市农村居民以3.28%的占比位列第10。

表4-12 居家休闲类休闲活动不同城市居民数据特征

城市	城镇居民		农村居民	
	比重	排名	比重	排名
北京	8.27%	7	25.82%	1
上海	7.49%	10	11.85%	8
广州	10.36%	2	12.17%	6
成都	9.97%	3	12.41%	5
西安	8.87%	6	21.75%	2

续表

城市	城镇居民		农村居民	
	比重	排名	比重	排名
长沙	8.25%	8	21.22%	3
沈阳	8.21%	9	8.02%	9
武汉	11.37%	1	3.28%	10
南京	9.93%	4	15.71%	4
杭州	9.35%	5	11.96%	7

第五章　街区访客休闲行为特征与满意度

随着我国人民物质生活水平的提高与人民休闲意识的觉醒，休闲已成为居民生活不可或缺的部分。而休闲街区作为城市的一种独特的休闲空间，在居民休闲生活中发挥着越来越大的作用。本部分以北京南锣鼓巷、蓝色港湾、三里屯，以及成都宽窄巷子等四个典型的休闲街区为案例地开展问卷调查（有效问卷 17 061 份），分析休闲街区访客的行为特征与满意度情况。其中将宽窄巷子与南锣鼓巷划分为历史文化街区，将蓝色港湾与三里屯划分为商业街区，并对不同类型街区的访客休闲行为、满意度与存在问题进行分析。

一、不同属性访客的街区选择偏好

1. 休闲街区的访客以男性居多，且不论男性还是女性均较喜欢商业街区

如图 5-1，不同性别访客对四个街区的偏好差异不大，其中男性更喜欢蓝色港湾，而女性则偏好三里屯商业街区。

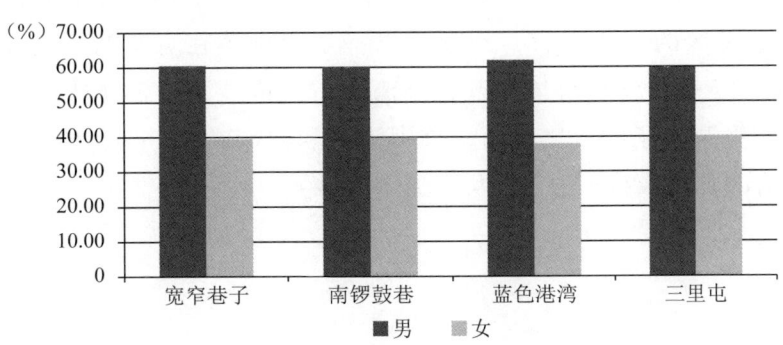

图 5-1　不同性别访客的街区选择偏好

2. 中青年群体是休闲街区访客的构成主体，30~44 岁访客最喜欢在三里屯游玩，年龄越大的访客越愿意去宽窄巷子体会老成都的慢生活

如图 5-2，各街区的访客中年龄在 15~44 岁的人群均高于 90%，中青年群体是休闲街区访客的构成主体。其中 30~44 岁的访客在三里屯的比例最高，为 56.09%；15~29 岁及 15 岁以下的访客在南锣鼓巷的比例最高，分别为 36.76% 与 2.51%；45 岁以上的访客在宽窄巷子的比例最高，为 7.25%。这说明青年群体与老年群体偏爱历史文化街区，而中年群体较喜欢商业街区。

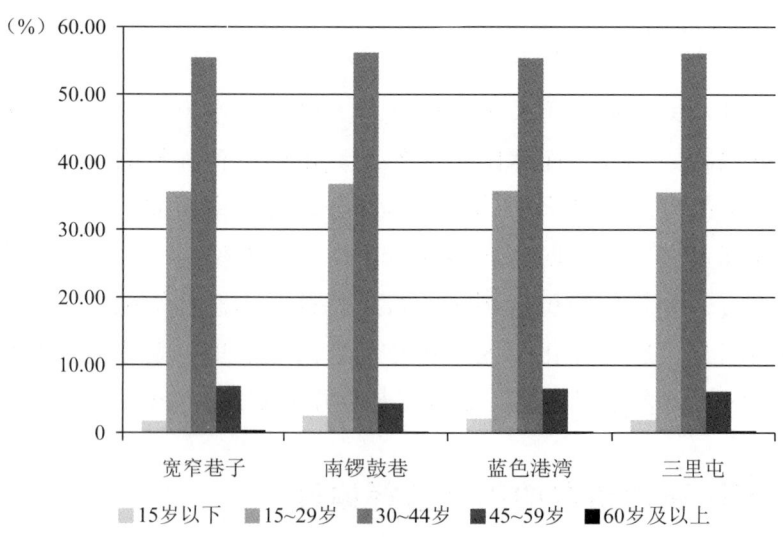

图 5-2　不同年龄访客的街区选择偏好

3. 休闲街区访客的整体学历较高，专科与本科学历群体是游览主体

休闲街区访客的整体学历较高，专科以上访客占 70% 左右。从不同学历群体在四个街区的占比来看，初中及以下学历群体在宽窄巷子占比最高，为 7.33%；高中 / 中专学历群体在蓝色港湾的占比最高，为 24.61%；大专与本科学历群体在宽窄巷子的占比最高，分别为 32.48% 与 37.16%；硕士及以上群体在蓝色港湾的占比最高，为 3.51%（见图 5-3）。

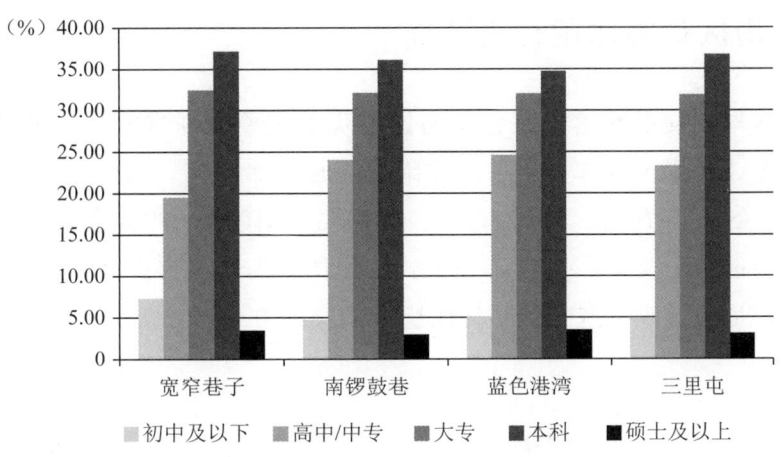

图 5-3 不同学历访客的街区选择偏好

4. 休闲街区的访客以中等收入群体为主，高收入访客偏爱商业街区

休闲街区的访客以中等收入群体为主，月收入在 5001~8000 元的人群占比最高。从四个街区的比较中可以看到，3000 元及以下收入的群体在蓝色港湾占比最高，为 8.25%；月收入 3001~5000 元收入的群体在南锣鼓巷的占比最高，为 28.02%；5001~8000 元的群体在宽窄巷子的占比最高，为 39.46%；8001~15 000 元的群体在蓝色港湾的占比最高，为 21.68%；月收入 15 001 元以上的群体在三里屯的占比最高，为 6.40%。可以看到，高收入群体更加偏爱蓝色港湾与三里屯这类商业街区。

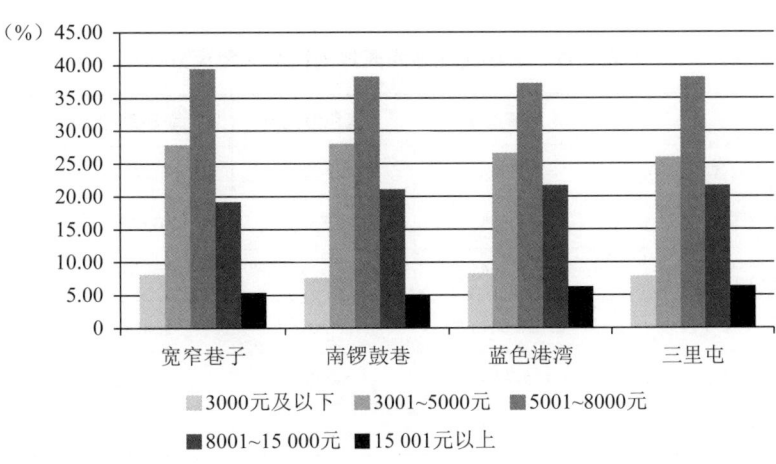

图 5-4 不同收入访客的街区选择偏好

二、街区访客休闲行为特征

1. 自驾与公交是访客前往休闲街区游玩的主要交通方式,访客最喜欢前往距居住地 2~3 公里(含 3 公里)的休闲街区游玩

从图 5-5 可以看出,自驾出行是访客前往休闲街区的首选交通方式,其次访客分别会选择公交车、自行车等方式前往休闲街区,再次为乘坐出租车前往,步行与地铁是访客较少选择到达休闲街区的交通方式。

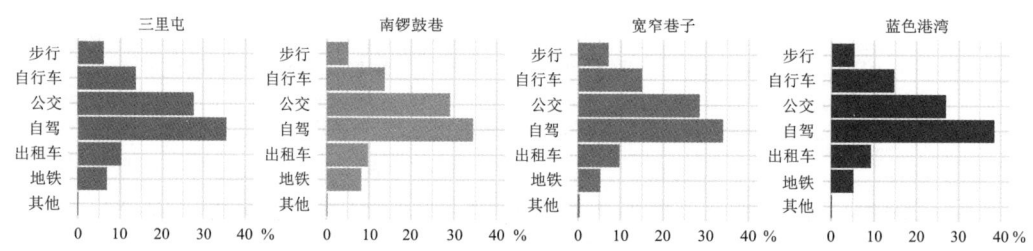

图 5-5 休闲街区访客交通选择偏好

距离居住地 2~3 公里(含 3 公里)处的街区是访客最愿前往进行休闲的场所。表 5-1 显示,居住地距离宽窄巷子、蓝色港湾、南锣鼓巷和三里屯 2~3 公里(含 3 公里)的访客占比是最高的,分别为 40.97%、41.52%、37.04% 和 39.53%,其次为距离 1~2 公里(含 2 公里)的访客,而距离太近或太远的访客占比相对较少。

表 5-1 访客居住地距离休闲街区的距离分布

	宽窄巷子	蓝色港湾	南锣鼓巷	三里屯
1 公里以内(含 1 公里)	5.80%	5.74%	5.74%	6.54%
1~2 公里(含 2 公里)	25.58%	26.85%	30.68%	24.88%
2~3 公里(含 3 公里)	40.97%	41.52%	37.04%	39.53%
3~5 公里(含 5 公里)	16.08%	15.30%	15.01%	16.75%
5~7 公里(含 7 公里)	5.77%	5.24%	5.93%	6.34%
7 公里以上(不含 7 公里)	5.80%	5.35%	5.60%	5.96%

2. 微信、QQ 等网络社交平台与抖音、快手、小红书等短视频平台是访客了解休闲街区的主要渠道

如图 5-6 所示，微信、QQ 等网络社交平台与抖音、快手等短视频平台是访客了解休闲街区的主要渠道，占比均超过 19.00%；其次，访客通过小红书、知乎等网络社区平台与去哪儿、家人朋友介绍、马蜂窝、携程等旅游 App 获取休闲街区信息，可以看出网络媒介在休闲街区信息获取过程中起到了重要作用，传统旅行社与纸质媒介作用较小。同时，家人朋友在休闲街区信息传递中仍起重要作用，增强街区口碑仍是宣传营销应当注重的方面。

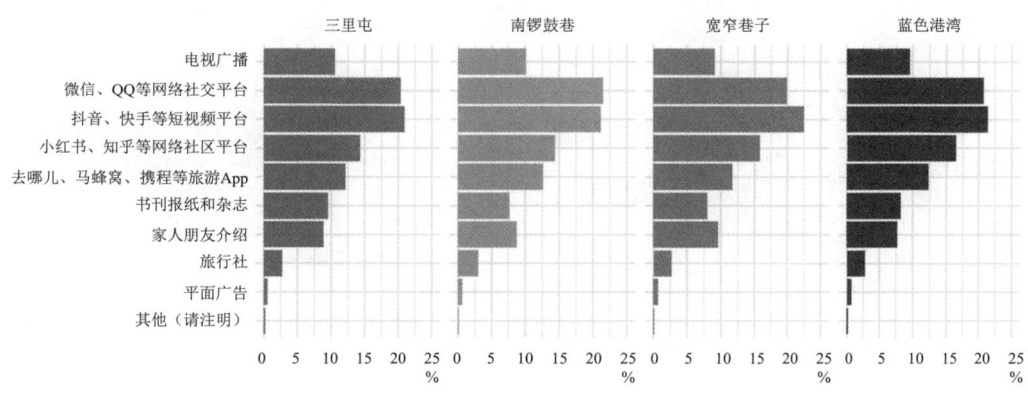

图 5-6　休闲街区访客信息获取渠道

3. 历史文化街区的访客主要是出于欣赏街区独特建筑与放松心情的目的而出游；商业街区的访客主要是出于感受街区独特氛围的目的而出游

如图 5-7 所示，欣赏街区独特建筑与放松心情是前往历史文化街区游玩的主要动机，了解历史文化知识、品尝美食与名气很大前来打卡为次要动机，逛文化创意店铺与购买旅游纪念品为较不重要的动机。感受街区独特氛围是前往商业街区游玩的主要动机，其次分别为放松心情、前来拍照、与朋友相约于此以及名气大前来打卡，购物和参加商场活动为较不重要的动机。

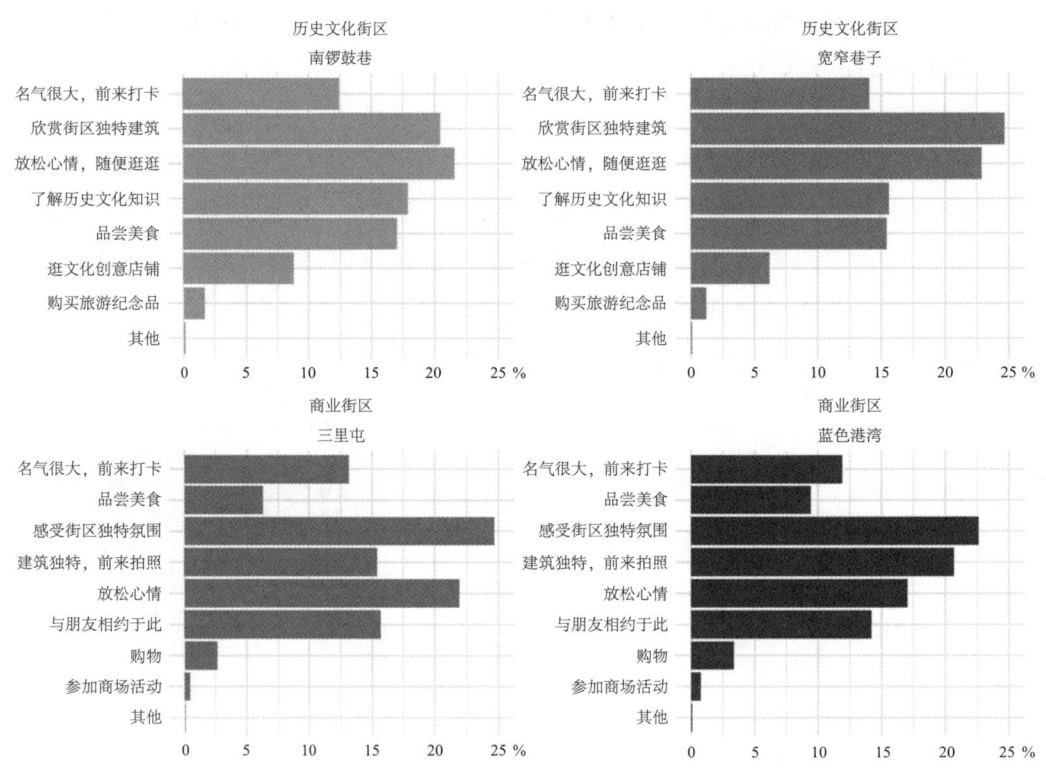

图 5-7 访客出游动机

从对历史文化街区和商业街区访客出游动机的分析可以看到，感受街区的独特氛围与放松心情是访客最重要的两大出游动机，街区的特色与舒适度是吸引访客前往游玩的重要因素。

4. 休闲街区是一种中短时长休闲活动场所，访客一般会在街区游玩 2~4 小时

如图 5-8 所示，访客在宽窄巷子、南锣鼓巷、蓝色港湾与三里屯停留时间的比例分布大致相同，这四个街区访客在其停留时间主要在 2~4 小时（含 4 小时），占比分别为 39.38%、40.13%、40.77% 和 39.49%，其次选择在休闲街区停留 1~2 小时（含 2 小时）与 4~6 小时（含 6 小时）的访客占比也相对较高；访客选择在休闲街区停留时间在 1 小时以内或超过 6 小时的人数较少。这说明这休闲街区是一种中短时长的休闲活动场所，访客一般会在街区花费 2~4 小时进行休闲。

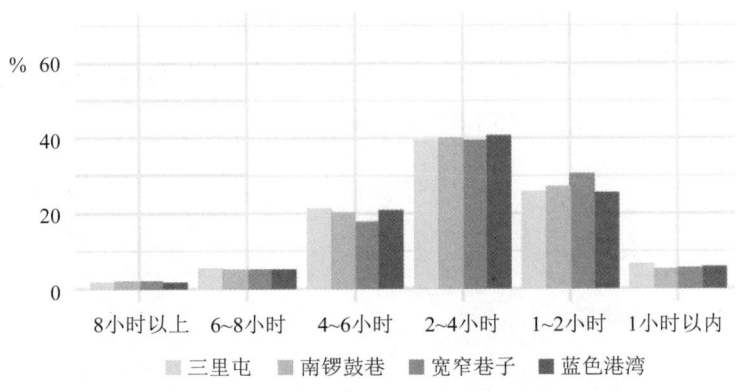

图 5-8　不同休闲街区访客停留时间对比

5. 访客在街区的消费消费水平中等，金额主要在 101~300 元

如图 5-9 所示，访客在宽窄巷子、南锣鼓巷、蓝色港湾与三里屯的消费金额主要在 101~300 元，占比分别为 45.62%、45.33%、42.90% 和 39.58%；其次访客在休闲街区的花费金额占比较多的分别为 301~500 元以及 1~100 元；访客选择不花费的比例均低于 2.00%。这说明访客在前往这四个休闲街区休闲时大概率会进行消费，且在休闲街区进行中等水平消费，且可以看出休闲街区有较多可引导居民消费的项目与活动。

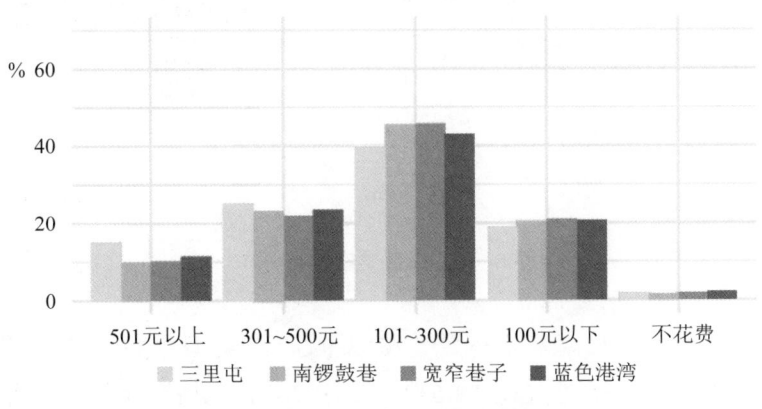

图 5-9　不同休闲街区访客的消费水平

6. 历史文化街区访客主要花费在购买文化创意产品，商业街区访客主要花费在前往咖啡馆与酒吧

如图 5-10 所示，历史文化街区访客的主要花费为购买文化创意产品，其次为品尝美食与在创意工作室 DIY，三者之和大于 60.00%。商业街区的访客主要花费为前往咖啡馆与酒吧，占比高于 33.00%；其次为购物，占比超过 29.00%；随后为品尝美食，占比超过 25.00%，三者之和均大于 90%。

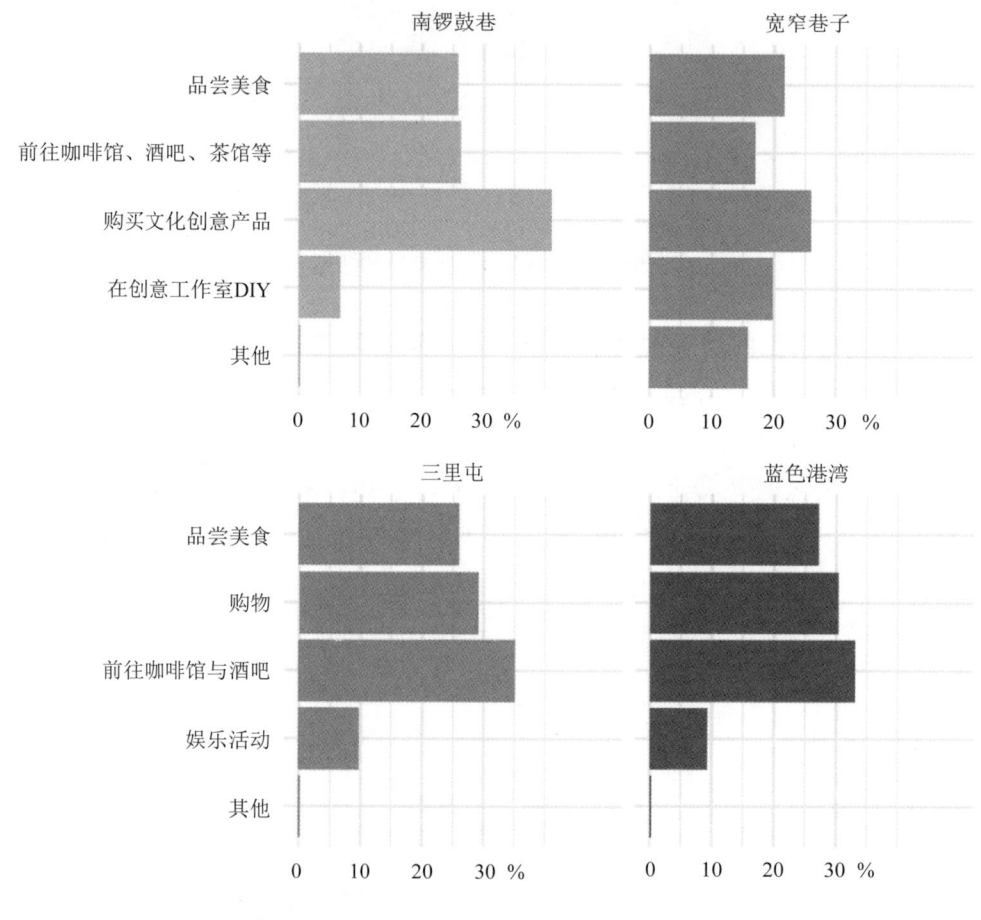

图 5-10　街区访客花费分布

如图 5-11 所示，对商业街区访客购买的产品类型进行调查发现，化妆品是最受欢迎的产品，分别占比 19.51% 和 19.24%；其次为电子产品，分别占比 18.00% 和 17.42%；排名第 3 的为首饰，分别占比 17.74% 和 16.83%；而购买玩具和食品的比例较低，在蓝色港湾和三里屯购买玩具的访客占比分别为 3.66% 和 3.51%，购买食品的访客占比分别为 3.34% 和 4.73%。

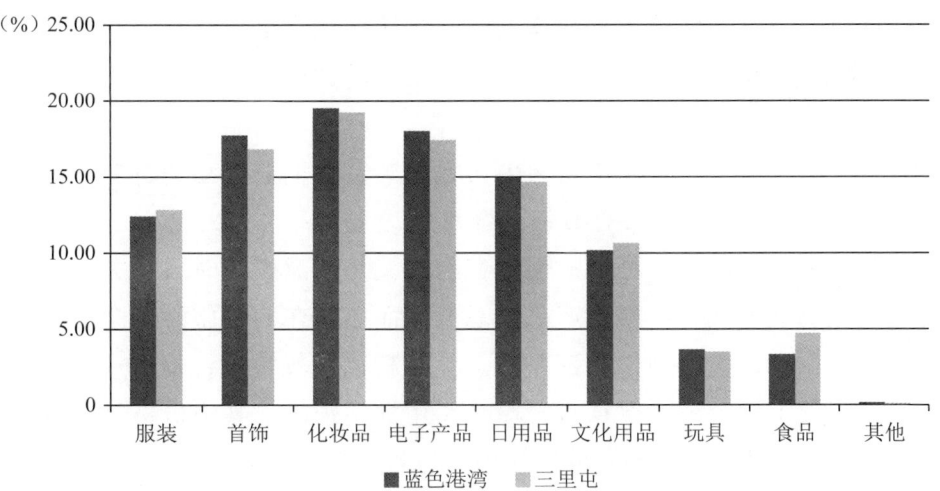

图 5-11 商业街区访客购买产品类型分布

如图 5-12 所示,酒吧、KTV 等是三里屯访客选择的主要娱乐活动,占比 30.17%;其次为电玩城,占比 27.09%,两者之和占比超过 50.00%。可以看到,三里屯访客喜欢的娱乐休闲活动种类较为丰富,以年轻人喜爱的酒吧、电玩城为主。

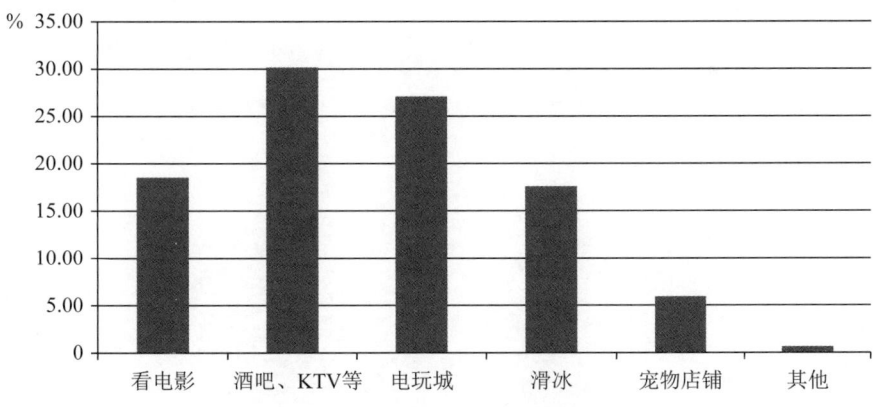

图 5-12 三里屯内娱乐活动体验类型分布

7. 访客的休闲消费偏好及影响因素

从不同休闲街区访客的休闲花费分布可以看到,访客在休闲街区的花费主要集中于餐饮与购物,尤其在历史文化街区,访客热衷于购买文化创意产品。

而访客在进行餐饮与购物消费决策时，受到诸多因素的影响，因此本部分探讨影响访客餐饮与购物消费的因素，为提升居民的休闲消费水平与消费满意度提供参考。

（1）产品质量是历史文化街区内访客购买文化创意产品的首要关注点，而价格过高是购买旅游纪念品的第一制约条件

由图5-13与图5-14可知，访客在购买文化创意产品时，最关注的要素分别为产品质量、外观、价格与产品创意性。而访客在购买旅游纪念品时会受到一些因素的制约，包括制作不够精致、没有特色比较常见、价格过高、包装不好、服务态度不好、不方便携带、商品实用性不强等，其中价格过高是第一制约因素；没有特色与包装不好分别为第二与第三制约因素。

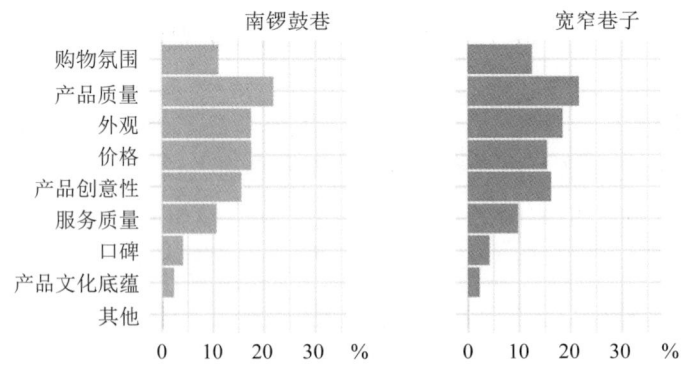

图5-13 历史文化街区访客购买文化创意产品关注点

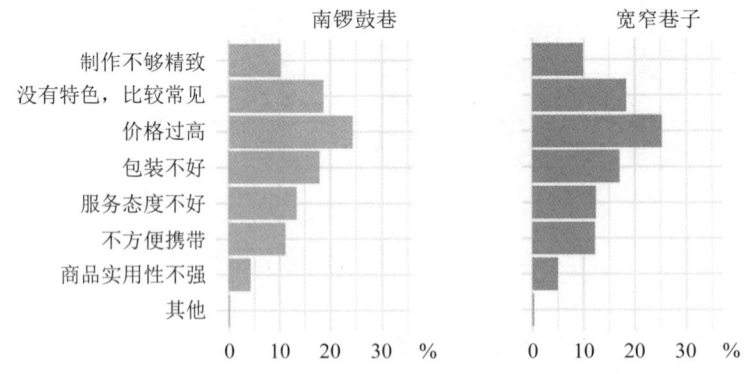

图5-14 历史文化街区内影响访客购买旅游纪念品的因素

（2）休闲街区内访客进行餐饮消费的关注点依次为价格、环境与卫生

从图5-15可知，访客在休闲街区进行餐饮消费时，最关注的要素为价格、环境与卫生。

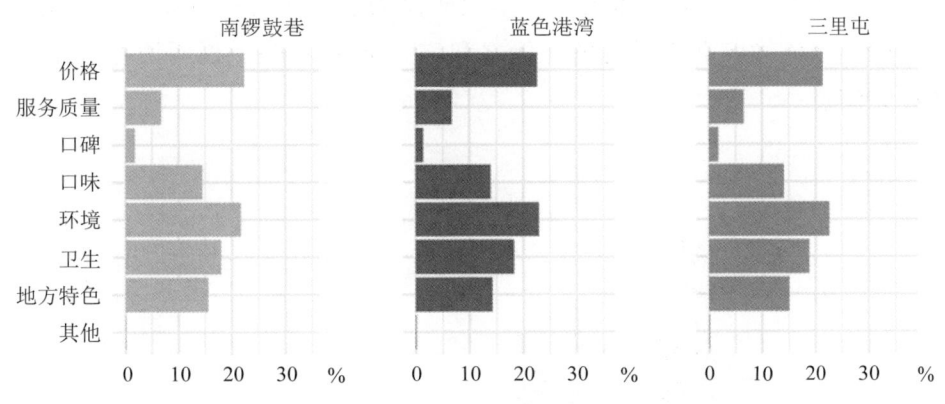

图5-15 休闲街区访客进行餐饮消费的关注点

（3）商业街区访客进行购物消费时，最关注的要素分别为商品的质量、商品的价格与售货员的服务质量

从图5-16可知，访客在商业街区内进行购物时，最关注的要素分别为商品的质量、商品的价格与售货员的服务质量。

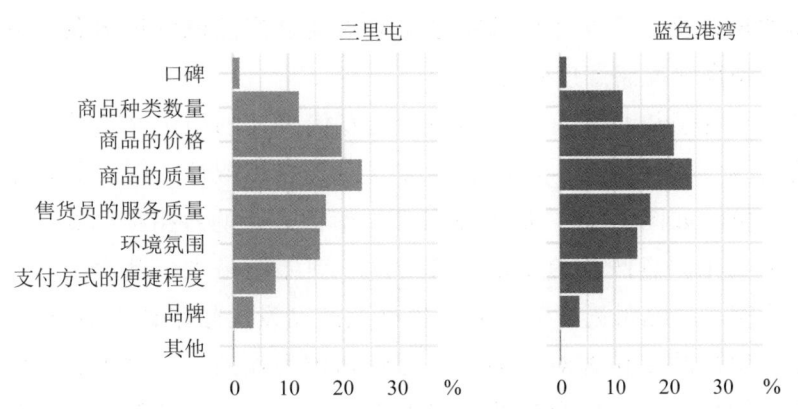

图5-16 商业街区访客进行购物消费的影响因素

三、街区访客休闲满意度

1. 街区访客总体休闲满意度普遍较高，满意及以上占比达 90.00%

如图 5-17 所示，不同休闲街区本地居民的总体满意度分布比例较为一致，四个休闲街区满意与非常满意的比例之和均大于 90.00%，说明访客对休闲街区总体较为满意。

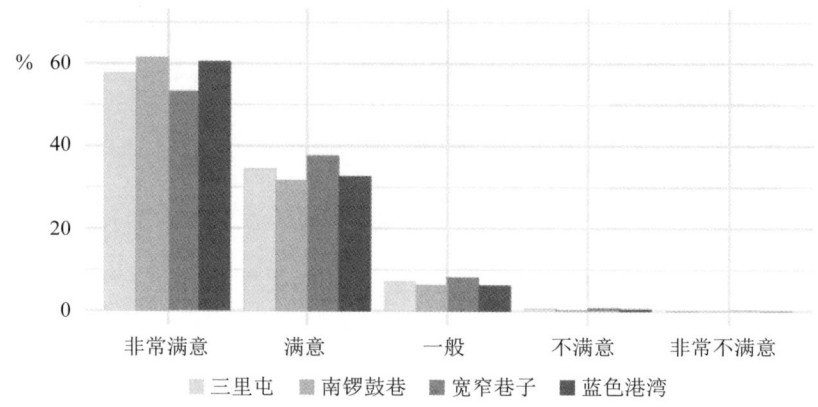

图 5-17 不同休闲街区本地居民的总体满意度

2. 休闲街区访客对街区景观及基础服务引导标识的满意度最高，对停车便利程度满意度较低，且文化休闲街区访客对文创产品满意度较低，商业街区对商圈卫生与噪声情况满意度较低

成都宽窄巷子与北京南锣鼓巷均为具有代表性的历史文化休闲街区，在景观、文化氛围、文化创意、街区服务等方面具有相似性，因对其各指标满意度进行对比分析。如图 5-18，从整体来看，南锣鼓巷的各指标满意度均高于宽窄巷子，其中文化创意产品的质量与价格这一项差距最大，其次为街区的形态外观与观赏价值，这说明宽窄巷子的文化创意产品发展较南锣鼓巷仍有一定差距，一定程度上也反映了访客对文创产品的感知较为强烈。细分来看，宽窄巷子满意度最高的指标为街区的绿化植被与景观小品，满意度最低的指标为文化创意产品的质量与价格，说明宽窄巷子在文化创意产品的打造与管理方面仍需努力；而对于南锣鼓巷，满意度最高的指标为绿化植被与景观小品，满意度最低的指标为停车的便利程度，南锣鼓巷需着力解决由于客流压力带来的停车问题。

第五章 街区访客休闲行为特征与满意度
Chapter 5 Behavior characteristics and satisfaction of leisure block visitors

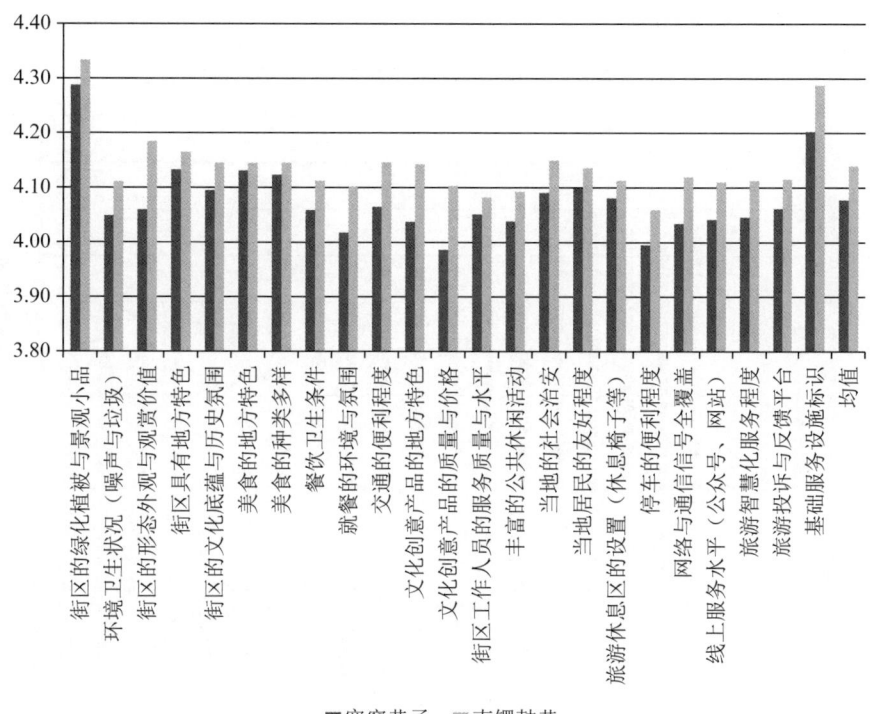

图 5-18 宽窄巷子与南锣鼓巷各指标满意度对比 [①]

蓝色港湾与三里屯均为北京知名度较高且具有代表性的商圈，其中商业氛围、购物属性、氛围营造、基础服务等方面具有相似性，因此对其各指标进行对比分析。从图 5-19 可以看到，除环境卫生状况（噪声与垃圾）这一指标外，蓝色港湾的各个指标满意度均高于三里屯，其中分值差最大的两项为美食的种类多样与交通的便利程度，差值分别为 0.10 与 0.09，这说明三里屯在餐饮种类方面与交通便利方面与蓝色港湾有一定差距。细分来看，蓝色港湾满意度最高的指标为街区的绿植与花卉，满意度最低的指标为环境卫生状况（噪声与垃圾；而三里屯满意度最高的指标为街区的绿植与花卉，满意度最低的指标为交通的便利程度。

---

① 此处采用李克特五点量表进行测度，1~5 分，分别代表非常不满意，比较不满意，一般，比较满意，非常满意。

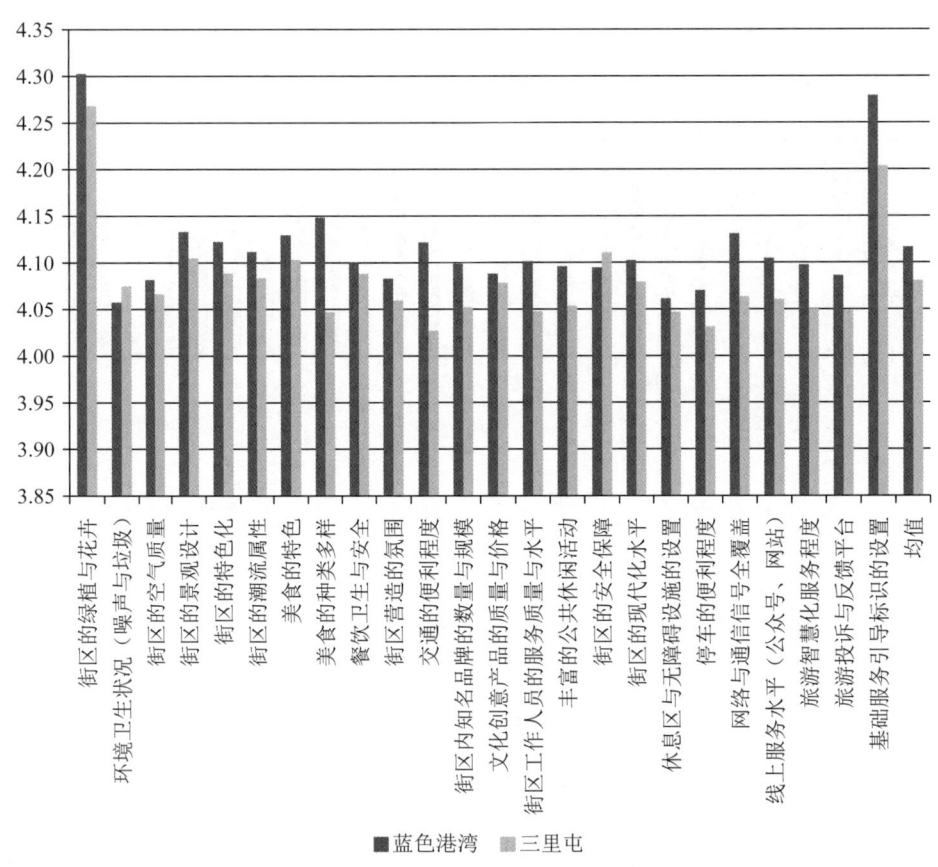

图 5-19 蓝色港湾与三里屯各指标满意度对比

整体看来,休闲街区访客对街区景观及基础服务引导标识的满意度最高,对停车的便利程度满意度较低,且文化休闲街区访客对文创产品满意度较低,商业街区对商圈卫生与噪声情况满意度较低。休闲街区在街区景观与服务引导标识方面做得较好,而面对较大的人流量,在停车便利与卫生与噪声方面有待提升。

3. 休闲街区访客的重游意愿与推荐意愿均较高,非常愿意的比例均超过 50.00%

如图 5-20 所示,访客对四个休闲街区重游意愿的愿意与非常愿意的比例之和均大于 85.00%,说明访客对休闲街区重游意愿较强。

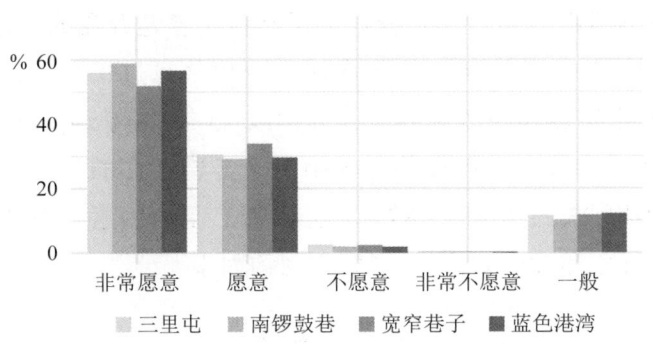

图 5-20　不同休闲街区本地居民的重游意愿

如图 5-21 所示，访客对四个休闲街区推荐意愿愿意与非常愿意的比例之和均大于 88.00%，尤其是南锣鼓巷与蓝色港湾推荐意愿愿意与非常愿意的比例之和均大于 90.00%，说明访客对这两个休闲街区推荐意愿较强。

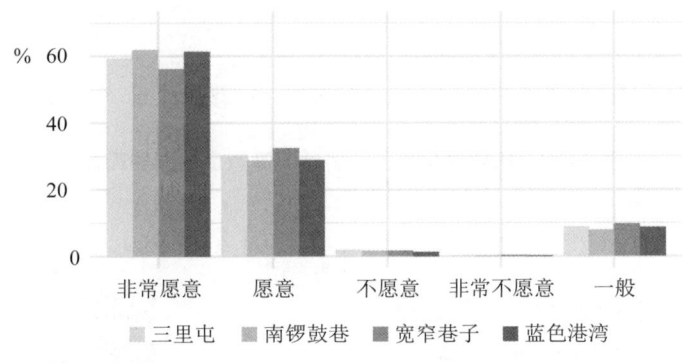

图 5-21　不同休闲街区本地居民的推荐意愿

四、街区目前尚存在的问题

访客在不同街区的休闲满意度受到诸多因素的影响，找准制约休闲满意度的因素，可以进一步帮助休闲街区突破与发展，从而提升本地居民的休闲满意度，下面通过对宽窄巷子、南锣鼓巷、蓝色港湾与三里屯这四个休闲街区游玩的本地居民的休闲满意度制约因素进行分析，找出休闲街区发展目前存在的问题。

1. 休闲街区商业化气息过于严重与缺乏特色是普遍存在的问题

如图 5-22 与图 5-23 所示，休闲街区商业化气息过于严重是四个街区均存在的问题，且在南锣鼓巷与蓝色港湾，分别以 23.34% 与 24.92% 的比重位列制约因素之首，其次，缺乏特色亦是各休闲街区普遍存在的问题，在蓝色港湾与南锣鼓巷，分别以 23.21% 和 18.87%，位列第二制约因素；在宽窄巷子与三里屯，分别以 16.21% 和 20.12%，位列第三制约因素。

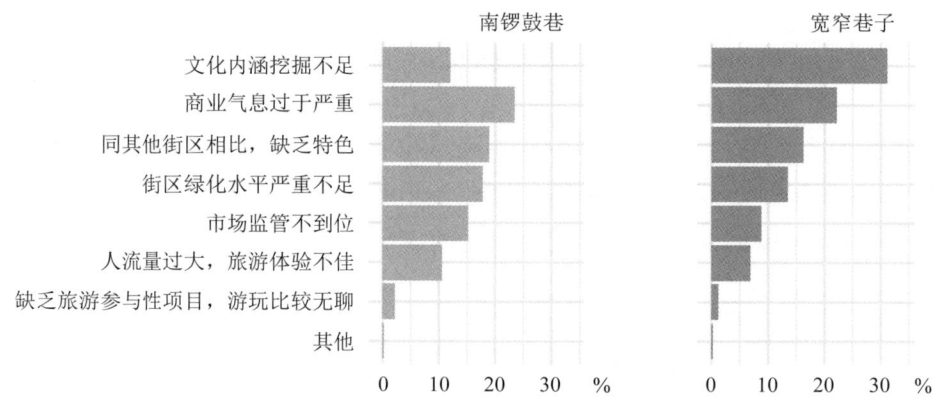

图 5-22 历史文化街区访客休闲满意度的制约因素

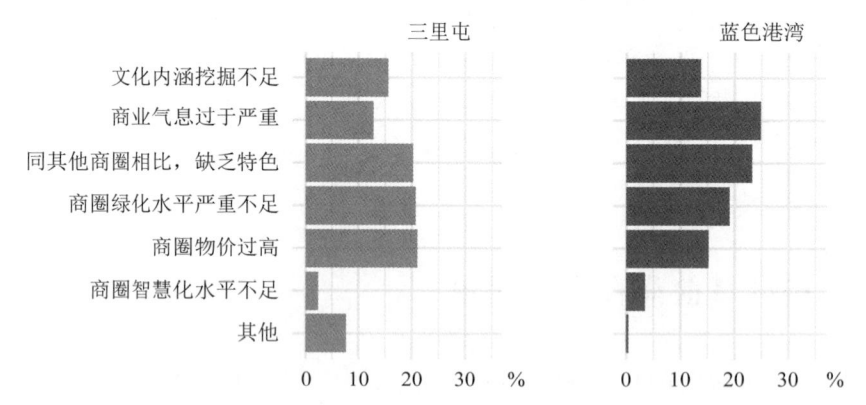

图 5-23 商业街区访客休闲满意度的制约因素

2. 休闲街区绿化水平不足

休闲街区的绿化对街区景观有重要影响，是访客关注的重要要素之一。从图 5-22 与图 5-23 可以看到，街区绿化水平严重不足是各街区均存在的问题，在南锣鼓巷、宽窄巷子、蓝色港湾与三里屯分别占比17.73%、13.47%、20.60%与19.05%。

3. 休闲街区的文化内涵挖掘不足

从图5-22与图5-23可以看到，休闲街区的文化内涵挖掘不足是各街区均存在的问题，尤其以宽窄巷子最为显著，占比达到31.08%。其次在南锣鼓巷、蓝色港湾与三里屯均较大程度存在这一问题。同时，文化内涵挖掘不足同商业街区缺乏特色息息相关。

4. 在商业街区，商圈物价过高是制约街区访客休闲满意度的重要因素

如图5-23所示，在三里屯街区，物价过高以21.01%的比重位列制约因素之首；在蓝色港湾，街区物价过高以15.20%的比重位列制约因素的第四位。可以看出，在商业街区，物价水平对访客满意度的制约性很强，过高的物价会降低访客的休闲体验满意度。

第六章 推进国民休闲发展的政策建议

在政策外力和市场内力的共同作用下，我国休闲需求持续增强。休闲已成为人民群众实现自我和追求美好生活的重要方式。目前疫情还在持续，全国还有偶发的疫情反弹事件，这对远距离出游仍有一定影响。在这一宏观背景下，国民休闲更加成为短期内旅游受阻后的重要替代，在日常生活中发挥着不可或缺的重要作用。基于对国民休闲行为特征及其变化趋势的判断，本报告进一步从增强国民休闲意识、优化休闲时间制度安排、平衡国民休闲需求与供给以及优化城市休闲供给布局等方面提出了推进国民休闲发展的对策建议。

一、增强国民休闲意识

尽管目前我国国民休闲意识逐步提升，但是国民休闲观念整体比较被动，对休闲消费缺乏完整的认识和把握，导致休闲需求指向上趋同，休闲方式选择上从众化倾向也比较突出。

针对当前国民休闲意识逐步提升而休闲价值观念相对落后的基本现状，应当加强休闲价值观教育，实现国民休闲观念的转变。需要让国民逐渐意识到，休闲是人的一种生存状态，是一种高级的人类精神活动，而不能简单地理解为娱乐或游手好闲。休闲教育是一个潜移默化的过程，需要家庭、政府、教育部门、社会休闲服务机构等共同努力。从家庭来说，家长要鼓励和引导未成年子女更多参与能够发挥人的本质力量的较高级活动，科学地、文明地开发和利用休闲时间这种宝贵的资源和财富；从教育部门来说，可以开设一定数量的休闲教育课程，将休闲教育纳入正规教学体系，引导学生树立科学的休闲观；其他社会休闲服务机构（如休闲管理机构、志愿者协会等）也可以通过休闲技能的正规指导、休闲新经验的介绍，加入对国民的休闲教育中来。通过这些途径使国民树立起正确的休闲理念，从而在闲暇时间既定的情况下，提高使用效率，健康合理地利用闲暇时间。

二、优化休闲时间制度安排

为促进国民休闲，保障劳动者的权益，我国自2008年1月1日起施行《职工带薪年休假条例》，为劳动者提供一定时间的带薪年假。然而，带薪休假制度在执行过程中往往落实不到位，存在诸多问题。首先，带薪休假覆盖面小。目前只是一小部分拥有高福利工作岗位的人可以享受，大量就业在社会底层的员工几乎享受不到带薪休假，即使少数员工能够享受到带薪休假这一福利，但与部分其他国家的员工相比较起来，其假期天数也少之又少。其次，休假制度有失公平。在我国，大量企业员工，尤其是对农民工这部分弱势群体来说，他们不仅没有带薪年假，连最基本的双休日都难以保证。再次，放假安排有待进一步优化。如"黄金周"集中出行导致的交通瘫痪和景区拥堵、调休造成的连续长时间工作以及旅游资源供求失衡导致的休闲质量下降等问题，大大降低了国民的假日福利水平。最后，随着企业竞争越来越激烈，加班成为企业提高竞争力的重要手段之一，而处于弱势地位的员工，屈于雇主权威，为了升职、加薪甚至保住工作，只能主动或被动地放弃休假，带薪休假制度形同虚设。未来，应该将休闲时间制度安排作为国民休闲发展的重要内容之一，尽量增加国民休闲时间。

1. 深入贯彻落实双休日和带薪年休假制度，扩大政策覆盖面

优化休闲时间政策，充分保障公民的休息权，让假日福利基本覆盖全体公民。首先加强宣传教育，提高员工对休假权的认识和法律意识。政府和企业在员工的普法教育中应该都承担一定的责任。其次要完善有关劳动者休假权的法律制度，保证现有法律法规的各项规定切实可行。最后强化对企业的监督，充分发挥政府部门对于侵害员工正当的休假权行为的惩罚力度以及工会的维权作用。休假制度的革新，应将更多目光转到休假权的普遍适用上，既要从法律层面予以规范，也须从社会角度予以强化实施；应当从社会大多数普通劳动者的利益出发，尊重经济规律。休假制度必须总揽全局，考虑到全体公民的利益。扩大假日福利的覆盖面，切实保障广大企业员工的正当休假权。

落实双休日和带薪年休假制度是一个渐进的过程，需要政府、行业组织、企业、个人多方面的努力，需要有步骤地逐步实行，可采取先试点后大范围推广的方式。第一，对政府来说，首先需完善细化带薪休假的法律制度，例如对政府、事业单位、国企、民企、外企和NGO等不同类型组织实行差异化带薪休假制度，根据单位员工的资历、工龄、岗位、职级和工种采取不同的实施方案；其次，加强监督力度，规定机关、单位和个人必须执行，同时配套相应的补救、奖励与惩戒措施，在税收、财政补贴和年度考核等方面与带薪休假的落实进行挂钩，切实保障人们的带薪休假权利；最后，政府相关部门需要加强宣传，除了通过传统的政策宣传渠道外，更应加大公媒体和自媒体的宣传幅度和力度，使带薪休假成为一种共识。第二，对行业组织而言，行业协会可以通过制定本行业的带薪休假公约，实行行业版的带薪休假标准，并组织实施；工会应发挥更大的作用，如督促政府尽快制定本地带薪休假具体办法，联合政府进行监督检查，提高在劳资双方中的地位等；此外，工会应积极了解员工带薪休假需求，提供更多的带薪休假资讯、产品和机会，并对各种类型的带薪休假追踪了解，完善工作，提高员工带薪休假的满意度水平。第三，对企业来说，首先应从思想上改变认识误区，充分了解带薪休假对企业总体发展的意义和作用，从过去的成本负担，变成员工激励的重要手段；其次，设立相关岗位或者整合现有岗位职责，负责落实员工带薪休假的具体方案，让员工在劳逸结合的状态下提升人力资本，创造更高的收益，提高员工的归属感。第四，从员工自身而言，提高对带薪休假的认识，强化维权意识，树立文明休假、积极休闲观念。

2. 优化假日结构，将集中休闲时间作为重点

在公休假日同国际水平基本持平的基础上，休闲时间制度的优化应当着眼于假日结构的有效组合。选择增加带薪年休假、增加长假期、增加小长假、增加每周的休闲时间而不是每天的休闲时间，优先考虑方便居民形成更多较长的休闲时间段。首先，对现有假日类型进行调整，可以先行试点将黄金周假期增加至带薪休假中。鼓励组织单位和个人灵活安排休假时间，缓解现有黄金周人满为患，旅游、休闲品质不佳的困局。其次，可以激励个人和企业将带薪休假和周休日相结合，形成富有效率的"机动黄金周"，发挥长假的消费效应。或是通过优化假期运行机制将传统假日（元旦、春节、清明、端午、中秋等）与企业带薪休假相结合，既增加全年总假期，也可缓解季节性问题。

3. 做好休闲供需配套服务，确保带薪休假品质

实行带薪休假制度，将极大地促进人们的休闲需求，使休闲方式更加自主化、多样化，休闲时间分散化，休闲消费计划性增强。因此，休闲供给也应进行相应的调整与升级。首先，需完善假日休闲协调机制，为人们出游提供咨询和指南，完善城市休闲服务功能，积极引导和组织企业推出适宜的休闲产品。其次，对企业来说，应充分了解休闲市场的新需求，提供时令化、全年候的休闲产品，在空间上涵盖短途休闲游与长线产品。在内容上丰富各类休闲产品，鼓励企业在普及带薪休假的基础上对优秀员工推广奖励旅游。

4. 弘扬健康的休闲文化

在我国，除了由于劳资关系不对等导致的员工不敢休假外，单位各级领导因为工作忙的原因没有休假，也是员工不敢休假的主要原因之一。为了在全社会形成健康的休闲文化，领导应该充分发挥其榜样示范作用，带头执行带薪休假制度，通过领导的榜样作用，带动公众带薪休假，同时必须重新审视休闲与劳动的关系，只有员工休息好了，才能创造更多的国民财富，只有国民财富增加了，我国才具备实施带薪休假制度的经济基础，休闲与劳动之间形成一个良性循环。目前，我国相当一部分企业与民众由于对休闲文化认识不足，存在偏差，从而忽视了休闲文化巨大的精神效益与潜在的经济效益。因此，我国政府应积极引导人们树立健康、科学的休闲观，逐步改变我国国民假日福利水平低的现状。

三、平衡国民休闲需求与供给

随着我国国民生活水平的不断提升，国民休闲需求结构呈现出从注重量的满足向追求质的提升，从有形物质产品向注重个性化多样化需求的重大转变。然而，目前我国休闲产品供给存在着供需结构失衡、城乡二元差距显著的普遍现象。在休闲设施建设中，以营利为目的的商业性休闲设施和场所居多，而面向大众的公益性休闲基础设施无论在数量、质量还是布局上，都存在着明显不平衡不充分的现象。因此，需要我们基于国民休闲需求，增加供需匹配的有效休闲供给。

1. 构建休闲产品供给体系，满足国民休闲需求

基于人的休闲需求，推进休闲服务创新，构建完善的休闲产品供给体系，是实现休闲供需相匹配的重要途径。第一，基于休闲服务创新，构建差异性、多元化的国民休闲产品供给体系。首先，以政府为主导、企业为核心、社会力量为支撑，以满足国民休闲需求、实现国民休闲权益为主要目的，构建向国民提供休闲产品及其基本服务的系统工程；其次，积极寻求企业和社会力量的有效合作，鼓励企业和社会第三部门积极参与休闲服务体系建设，形成一种多元共治的休闲服务模式，以满足不同群体的休闲需求，从而形成一种动态的、个性化的、可持续性的休闲服务供给模式。第二，持续进行休闲设施投入。政府部门应当充分考虑国民休闲需求，加大休闲设施投入力度，保证国民有足够的休闲设施。就公共休闲设施来说，政府要充分考虑国民的休闲需求，保证公共休闲设施和休闲空间的供给。第三，保证城市足够的休闲空间。政府需要适量减少一些营利性、商业性的城市空间，增加有利于国民休闲的艺术馆、美术馆、音乐厅、图书馆等休闲设施。除了公共休闲设施，还要出台政策，引导企业和商家投入商业休闲设施，满足国民日益增长的休闲需要。

2. 关注"休闲弱势群体"，平衡国民休闲机会

随着国民生活价值观念的日益更新和社会公共服务水平的逐步提升，我国国民休闲机会不断扩大，但是由于受到主客观条件的限制，部分群体（主要是农民工、老年人、残疾人等"休闲弱势群体"）的休闲机会仍然受到一定限制，休闲方式较为单调。这部分群体事实上没有享受到国家休闲政策的惠利。未来的政策倾向，应该对不同阶层闲暇时间的诉求进行分析，并提出建议，尤其是要对"休闲弱势群体"予以适当的关注。同时，我国休闲机会总体上进一步扩大，但休闲的城乡二元差距越发明显。首先，应当关注到"休闲弱势群体"及农村居民休闲需求，并在此基础上对休闲产品供给进行相应调整与优化，鼓励企业为不同休闲群体打造不同的休闲产品；其次，针对农村居民，政府应当加强对农村区域的休闲设施建设，为农村居民提供休闲所需的设施与空间。

3. 发展多元化休闲产品，优化休闲供给结构

当前，与休闲产业密切相关的文化创意产业、动漫娱乐业、健身产业等文化业态为休闲共享发展提供了前所未有的动力，不仅为国民提供高品质的休闲体验，而且在整体上进一步提升了休闲供给的文化品位。然而，由于受休闲资本分布不均和城乡二元结构的影响，目前休闲产品供给结构严重失衡的现象比较严重。目前我国的休闲供给仍然以大众化的电视电影娱乐、棋牌娱乐、歌舞娱乐为主，教育培训、体育健身、文化娱乐等供给明显不足，无法及时适应由收入增长、观念更新所带来的休闲需求向个性化演进的新需求。休闲服务中对部分中低收入者、老年人以及残疾人等特殊群体的休闲设施、休闲产品供给明显不足。因此，当前的休闲设施和休闲项目的开发应坚持多元化、多层次性的原则，建设面向大众的公益性休闲设施，并从数量、质量和空间布局三个方面对休闲供给结构进行优化。

四、优化城市休闲供给布局

城市休闲空间对城市居民的休闲半径与休闲方式选择均有较大影响。合理的城市休闲供给布局，可以提升城市居民的休闲效率，提高城市休闲满意度。

1. 开发特殊城市空间的休闲功能

充分开发城市高级别旅游景区的休闲功能。高级别景区，是外地游客到访的重要吸引物，但通常为本地市民所利用的程度不足。政府应依托景区基础设施，进一步开发、延伸其休闲功能。比如在旅游淡季实行一定的会员卡形式，引导市民到高级别的景区开展休闲活动，在缓解景区淡旺季问题的同时，有效扩展城乡居民休闲空间。

加强城市商业街区的休闲功能。一般来说，人们逛步行街已逐渐不再是以购物、娱乐为目的，而是为了放松身心，为了在这种休闲的氛围中，能够更好地体会热闹、繁华、轻松、悠闲、激动、怀旧等不同的生活感受。因此，应充分发挥城市商业街区的休闲功能，以人为本，营造舒适、轻松的休闲环境，让人们在消费的同时真正能达到休闲的目的。

2. 公益性休闲空间与商业性休闲空间兼顾发展

以往城市中较多的休闲空间与设施多为商业性的，大众化的公益性休闲场所较为缺乏。而公益性休闲空间的开辟不仅有利于城市休闲的普及，也符合城市"以人为本"的发展方向，因此需要与商业性休闲场所兼顾发展。首先，需要政府带头建设公益性休闲场所，同时鼓励企业、社会团体、个人投资，建设慈善性质的公益休闲空间；其次，对公益性休闲空间进行管理维护，一方面需要专门的部门任专门的人员来进行管理；另一方面，则要对休闲主体提出要求，自觉维护公益性休闲空间。还可以在市民中发展志愿者，让市民自己来维护管理休闲空间。

3. 对城市景观进行控制

城市景观是城市休闲活动开展的外部环境，城市的整体布局、建筑风格、环境建设等给休闲者以整体印象的感知，对于休闲者的休闲体验具有重要的影响。所以，对城市景观环境进行合理有效的引导和控制，优化提升城市休闲环境的质量，有利于提升城市休闲供给质量。

图书在版编目（CIP）数据

中国休闲发展年度报告. 2021 / 中国旅游研究院著. -- 北京：旅游教育出版社，2022.1
　　ISBN 978-7-5637-4366-7

Ⅰ. ①中… Ⅱ. ①中… Ⅲ. ①闲暇社会学－研究报告－中国－2021 Ⅳ. ①D669.3

中国版本图书馆CIP数据核字(2022)第009302号

中国休闲发展年度报告2021
中国旅游研究院　著

责任编辑	郭珍宏
出版单位	旅游教育出版社
地　　址	北京市朝阳区定福庄南里1号
邮　　编	100024
发行电话	（010）65778403　65728372　65767462（传真）
本社网址	www.tepcb.com
E - mail	tepfx@163.com
排版单位	北京旅教文化传播有限公司
印刷单位	北京中科印刷有限公司
经销单位	新华书店
开　　本	787毫米×1092毫米　1/16
印　　张	6.25
字　　数	86千字
版　　次	2022年1月第1版
印　　次	2022年1月第1次印刷
定　　价	55.00元

（图书如有装订差错请与发行部联系）